藤原るか

介護ヘルパーはデリヘルじゃない

在宅の実態とハラスメント

GS

幻冬舎

まえがき

「相手に後ろ姿を見せてはいけない、ドアは開けたままにすること」

仕事上のメールの連絡網に、こんな文面の注意事項が書かれていることがあります。これは利用者にセクハラ（セクシャルハラスメント）行為のおそれがあることを意味しています。

実際、調理や掃除をしているときに、後ろから抱きつかれることがあるのです。そういう場合にそなえて、できるだけ利用者に背中を見せないようにする必要があります。また、いつでも逃げられるように、ドアに靴をはさんで開けておくという対応をすることもあります。

私たちヘルパーは個人宅にひとりで出向くという働き方をしており、ヘルパーにとっても、訪問される利用者にとっても、それぞれ違った意味で緊張や抵抗感などがつきまとうことになります。そこでは何があっても、ヘルパーは自分ひとりで解決しなければならないし、次回の訪問につなげる必要があるのです。

私はヘルパーを始めて28年になりますが、セクハラやパワハラ（パワーハラスメント）などのハラスメントの問題はずっと以前からありました。

その都度、事業所の上司（サービス提供責任者／以下「サ責」）に相談したり、仲間同士で情報交換してきましたが、世間で話題になることはありませんでした。

なぜなら、私たち自身も「お年寄りや障害のある人をケアする仕事なのだから、我慢しなくては」「自分にスキがあったのかもしれない」などと思い、声を上げてこなかったからです。

しかし、世の中の流れは大きく変化しています。２０１７年10月にアメリカのハリウッド映画のプロデューサーによるセクハラ疑惑に端を発した「＃ＭｅＴｏｏ」運動。

これは米女優のアリッサ・ミラノさんが、同じようなセクハラ被害に遭った女性たちに向けて〝ＭｅＴｏｏ〟（私も同じ）と声を上げようと呼びかけたことから始まっています。

その波は日本にも届き、これまで我慢してきた女性やＬＧＢＴの人々が声を上げ始めています。それに呼応するかのように、ヘルパーが利用者やその家族から暴言や性的な嫌がらせを受けていることが大きく報じられるようになりました。

２０１８年に日本介護クラフトユニオン（ＮＣＣＵ／介護業界で働く全国組織。組合員数約８万２０００人）が行ったアンケート調査でも、回答者全体（２４１１人）のうち74・２％が何らかのハラスメントを受けたことがあり、そのうち40・１％がセクハラに該当する行為を受けたと回答しています。

自由記述のなかには「介護職は（ハラスメントを）我慢するのが当然という風潮がある」と指摘する意見のほか、法整備や罰則強化、職員やヘルパーの心のケアなどを求める声もありました。

ＮＣＣＵでは、こうした実態調査をもとに加藤勝信厚生労働大臣（当時）に「ご利用者・ご家族からのハラスメント防止に関する要請書」を提出。これを受け、厚生労働省（以下、厚労省）も２０１８年度中に実態調査に乗り出すことを決め、その調査結果をもとに事業者向けの対策マニュアルを作り、職場環境の改善や再発防止などにつなげるとする方針を出しています。

私の身近でも、利用者やその家族からセクハラやパワハラを受け、うつ病などを発症して休職したり、仕事を辞めてしまう人が出ています。せっかく高齢者や障害者のケアをしようとヘルパーの職を選んだ人が、ハラスメントのせいで離職してしまうのは本当に残念で、セクハラには強い怒りを覚えます。

それでなくても介護業界の人手不足は深刻です。２０２５年には団塊の世代約２２０0万人が75歳以上の後期高齢者となり、必要とされる介護労働者（施設で働く介護職員と訪問介護をするヘルパーを合わせた労働者）は約２４５万人といわれていますが、実際の介護労働者は約１８３万人（２０１５年度）。ホームヘルパーにいたっては約30万人しかいません。しかも、そのうちの5割が60歳に近づいている上、年々、数が減っていきます。

介護労働というと「低賃金で仕事がきつい」というイメージがつきまといますが、私自身は、非常にやりがいのある仕事だと思っています。

私が28年もホームヘルパーを続けてこられたのは、ひとりひとり個性の違う高齢者や障害者の方々との出会いが刺激的で、自分を成長させてくれるからです。

確かに、ハラスメントに遭うリスクは否定できませんが、それにもまさる仕事の魅力がヘルパーにはあるのです。

介護現場でのハラスメントの問題は、社会の風潮や文化とも密接に関わり合っていると思います。まだまだ男性優位な日本社会にあって、「女性は男性に従属するもの」という考えが根強く残っているからです。

私たちが仕事で接する利用者は70代、80代の男性が多く、とくにその傾向が強いように思います。

それに加えて、「ヘルパーは何でもいうことを聞く人だ」と勘違いしている利用者もおり、それがハラスメントの温床になっていると思われます。それゆえに、自分がハラスメントをしているという自覚のない人も大勢いるのです。

本書のタイトルである『介護ヘルパーはデリヘルじゃない』は、かなり誇張した表現になっていますが、ホームヘルパーの仕事のなかには排泄介助や入浴介助があり、裸の男性の陰部に触れたり、身体を洗うこともあります。なかには、性的な手技を求めてくる人もごく少数ながらいるのです。そういうときは「私たちの仕事は違います」と答えるようにしています。

ヘルパーは介護職ですから、利用者のセクシャリティな部分に触れることもあり、その境界線はあいまいで、この仕事のむずかしいところだともいえるでしょう。

本書では、私が過去に経験したハラスメントの事例のほかに、認知症の方やペットを飼っている方の事例、介護保険の問題点なども紹介しています。

昨今、ペットとして犬・猫がブームになるなど、ペットを飼っている高齢者も増えていますが、ペットにまつわる困り事も急増中なのです。

訪問介護の現場を知っていただくことで、多くの方に「介護されるというのはどういうことなのか」「どうしたらハラスメントをなくしていけるのか」「高齢者がペットを飼うと、どういうことが起こりうるのか」「介護保険はどうあるべきか」といったことを一緒に考えていただければと思っています。

そして、やりがいと働きやすさに加え、面白さと報酬が両立する素敵な職業として確立できるよう、ぜひとも力を貸してください。

※本書のタイトルになっている「介護ヘルパー」は通称で、介護保険制度では「訪問介護員」といい、一般的には「ホームヘルパー」、あるいは略して「ヘルパー」と呼ばれています。
※本書に登場する利用者のケースのうち、公になった事件以外はすべて個人が特定されることのないよう事例の一部を変更しています。

介護ヘルパーはデリヘルじゃない／目次

第三章 在宅で直面するてんやわんやの出来事 95

第四章 ペット全盛時代の訪問介護はむずかしい

構成 佐久間真弓
図版・DTP 美創

第一章　介護現場は最も危険なセクハラ横行地帯だった！

2012年に起きた川崎市の強制わいせつ事件

今回、セクハラをテーマにした本を書くに当たって、すぐに思い浮かんだのが、2012年に川崎市で起きた事件のことです。

この事件は訪問介護サービスを受けていた80代の男性が、30代の女性ヘルパーの胸を触るなどのわいせつ行為をしたとして逮捕され、懲役2年6月の実刑判決を受けたというもの。裁判の過程で、男性が過去に詐欺、恐喝、暴行、傷害などを繰り返していたこと、川崎市に移転する前の横浜市で訪問介護を受けていたときもヘルパーにわいせつ行為を行い、契約を解除されていたことが明らかになりました。

しかし、こうした情報が川崎市の地域包括支援センターなどの関係機関に伝わることはなく、同じことが繰り返されてしまったのです。

もし、事前に情報が共有されていたら、ヘルパーを2人で訪問させるとか、男性ヘルパーを派遣するなどの対応が取れたかもしれません。そうすれば、女性が被害に遭うこともなく、利用者自身も犯罪者にならずにすんだでしょう。

この事件は、ヘルパーが勇気を持って告発したことで明るみになりましたが、その陰には泣き寝入りせざるを得なかった多くの女性たちがいます。

「まえがき」にも書いたように、近年になってセクハラがいかに女性の尊厳を傷つけ、精神的な苦痛を余儀なくさせてきたか、白日の下に晒《さら》されています。

とくに、ヘルパーはひとりで個人宅に出向く仕事です。こうしたセクハラ行為が許されていては、安心して仕事に従事することはできません。このままでは深刻な人材不足に拍車をかけることになってしまいます。

第一章では、私自身の体験を紹介することで、介護現場でどういったセクハラが起こっているのか、知っていただきたいと思います。

初任者研修で聞いた「全裸で立ちはだかる青年」

私が「ヘルパーは利用者のセクシャルな部分に関わる仕事でもある」と意識したのは、まだ若かりし35歳のときです。当時はまだ介護保険制度が始まる前で、私は自治体に勤務する公務員ヘルパーでした。

ヘルパーになりたての私は「もっと勉強しなくては」と、都内で行われていた「在宅ケア研究会」という勉強会に参加。先輩ヘルパーが実際に経験した事例をもとに、ヘルパーとしての心構えや対処方法などを学び合っていました。

その日のテーマは「精神に病のある青年が全裸で立ちふさがったときに、どう対応するのか」というもの。それまで訪問先の利用者は受け身でいるものだと思っていた私は、その場面を想像するだけで足が震えました。

それと同時に「生身の人間を相手にするというのは、こういうことなのか」と、ヘルパーという仕事の意外な側面を教えられたのです。

世の中には、道端の電柱の陰から全裸にコートを羽織った男が女性を驚かし、その姿を見て喜ぶ露出狂の人がいます。そういうとき、多くの女性は「きゃーっ」とか「あっ」とか叫んで逃げ出すことでしょう。私も走って逃げます。

しかし、ヘルパーはそういうわけにはいきません。私たちには「身体介護」（食事や排泄の介助、衣服の着替え、入浴介助などの身体的な介護のこと）と「生活援助」（献立や調理、衣類の洗濯、部屋の掃除など、日常生活の援助を行うこと）という仕事があり（第七章で詳しく紹介）、それをやらずに利用者宅を離れるわけにはいかないのです。もちろん、命の危険を感じたときは逃げ出してかまいませんが、ヘルパーになる人には責任感の強い人が多く、何とかしようと必死の努力をします。

この事例の先輩も、裸の青年を前にして逃げたりはしませんでした。慌てず、騒がず、うろたえず、「裸は気持ちがいいものね。でも、私ではなく、大切な人に見せてください」と静かに話しかけ、肩にバスタオルをかけて椅子に座ってもらったといいます。すると、青年も落ち着きを取り戻し、衣服を身につけたそうです。

こういうときは毅然《きぜん》とした態度でいることが重要なのです。どぎまぎしたり、騒いだりすると、相手が興奮し、ますます喜ばせることになってしまいます。

この事例は若い男性でしたが、高齢者でもズボンを下ろそうとする人はいます。男性には顕示欲があるのか、自分の性器を見せたがる傾向があるようです。そういう動きは気配でわかるので、ズボンを下ろす前に阻止します。

とはいっても、食事の支度をしていて後ろを振り返ったら、すでにズボンを下ろしていたということもあります。そういうときは「トイレに行きたいんですか？」などと声をかけてズボンを上げていただきます。

実際、認知症の人の場合、トイレに行きたくてズボンを下ろすこともあります。そこの見分け方はある程度、経験を積むとわかってきます。

そもそも私たちの仕事は入浴やオムツ交換、着替えなど、利用者と身体的に接触することが多いので、性的な要求に出会う可能性は高くなります。

しかし、そういうときは前述のように、できるだけ落ち着いて対応することが重要です。手を握られたり、肩を抱き寄せられたりしたときには「この手が悪い子なのね」とか「私は奥さんじゃありませんよ」といいながら、手首をつかみ返し、性的な要求には応えられないとキッパリした態度で示すのです。そうすれば、多くの場合、諦めてくれます。たまに「ふざけんじゃない」といって怒り出す人もいますが、そういうときは「私、こちらで仕事をしますからね」などといって場所を移動して、相手にしなければいいのです。

いまでは少々のことでは驚かない百戦錬磨の私ですが、冷静に対応ができるようになったのも、新人ヘルパーのときに参加した勉強会のおかげだと思っています。

ヘルパーをベッドに誘う老人

一般的に70代以上のお年寄りというと、枯れたイメージがあるかもしれませんが、実際にはそうではありません。性的衝動はいつまでも残っていることを実感します。

私がヘルパーとして関わった80代のKさんも、そうしたひとりでした。半身不随がある方で、食事を食べさせた後、薬を飲ませ、歯を磨いて、寝間着に着替えるのを手伝い、最後にベッドに寝てもらうのが仕事です。これを就寝介助といいます。

そのときも、私が「じゃあ、ベッドに寝ましょうね」といいながら、身体を支えようとしました。すると、いきなり麻痺していないほうの腕で抱きつかれたのです。あやうくベッドに引き倒されるところでした。

反射的に身体をもとの体勢に戻し、Kさんから離れました。そして、結果的にベッドに横になった格好のKさんの身体に布団をかけ、何食わぬ顔で「これから茶碗を洗わないといけませんから、先に寝ていてくださいね」といい、台所に戻ったのです。

Kさんはというと、不満そうに「だって、ベッドに寝ようっていったじゃないか」と文句をいっています。これを聞いて「男性はいくつになっても性的な欲望があるんだ」と驚きました。まさか「ベッドに寝る」という言葉を「床をともにする」という意味に解釈するとは、夢にも思いませんでした。

Kさんが自分の行為を正当化するために、意図してそういう反論をしたのか、その辺のところはよくわかりませんが、ここで大げさに騒ぐと、相手によっては「なんだ、おまえは生意気だ」といって怒り出す人もいるので、さりげない態度を取るのが賢明です。

女性から拒絶されると、自尊心が傷つけられる人もいますからね。開いた傷口に塩を塗るようなことをしては逆効果になります。こちらがキッパリとした態度で接すると、「このヘルパーには手を出せない」と思うのか、そうした行為は止むことが多いです。

とはいえ、おとなしそうなヘルパーに同じようなことをする可能性もあるので、事業所には報告します。そうやって情報を共有するのです。

私の知り合いの30代のヘルパーも、脳梗塞《のうこうそく》の後遺症がある70代の男性利用者から悪質なセクハラを受けたことがあります。

男性が布団から腕を伸ばし、「上体を起こしたいから手を貸して」というので、手を握って起き上がらせようとしたら、強い力で引き寄せられ、抱きしめられたのです。そのまま下半身をなで回され、頬や耳、うなじなどにキスをされたため、突き放そうとしたのですが、相手の力が想像以上に強く、足も絡められてしまい、身動きが取れなくなってしまいました。

恐怖に駆られ、大声を出したら、やっと腕を離してくれたそうです。

思わず、「何をするんですか、いい加減にしてください」と睨《にら》むと、「はははは、いや、冗談、冗談」と笑い、彼女の身体をなめるように見つめたといいます。

ここまで来ると、問題にせざるを得ません。報告を受けた上司が家族に連絡し、同様のことが起きたらサービスを停止するという話をしたそうです。今なら犯罪として即告発してもよいでしょう。

身体が不自由であっても、力のある男性にはかないません。ヘルパーから拒絶されると、この男性のように笑ってごまかそうとする人もいます。こうした行為がセクハラに当たり、許されないことだという認識がないのです。

また、認知症のお年寄りの場合は、感情のままに行動することがあるので、言葉で話しても理解できなかったりします。そういう場合は、やんわりと「私は奥さんじゃないですからね」と断って、肩に置かれた手を引き離して寝かせます。

そして、「こうすると気持ちが落ち着きますよ」といいながら、腕を胸の前で組んでもらって、布団をサッとかけて一件落着。自分のしたことを忘れてしまうこともあるので、こちらも何事もなかったかのように、食事の後片づけなどをやります。

よく「セクハラをする利用者は、認知症なのか、そうでないのか」と聞かれることがありますが、その境目ははっきりしません。意識がハッキリした人もいれば、認知症になりかかっている人、認知症と診断された人など、さまざまだからです。

認知症の人に「セクハラは許されない行為だ」といっても通じません。そこが介護現場でのセクハラのむずかしいところですが、ヘルパーが受けるダメージを「病気のせい」でかたづけられては、長続きするはずがありません。

追いかけられ、テーブルの周りをグルグル回った笑えない話

Pさんは、病気のせいか、薬の副作用なのか、感情のコントロールができなくなるこ

とがあります。Ｐさんにはレビー小体型認知症があり、この病気はアルツハイマー型認知症に次いで多い認知症で、脳血管性認知症と合わせて三大認知症といわれています。

脳のなかにレビー小体という物質ができることで、注意力の低下、物事の理解や感情面に変化が起こるほか、見えないものが見えたり（幻視）、歩行がむずかしくなったり、大声で寝言をいったりします（注：必ずしもレビー小体型認知症といわれる方全てに現れる症状ではありません）。

感情面の変化については、感情失禁といって小さな刺激に反応して大泣きしたり、激しく怒ったり、本人には制御できない感情の高まりに襲われることがあります。

その日もＰさんの自宅に伺い、身支度をしていると、いつの間にか、後ろに立っていたのです。「これは危なそうだ」と思い、テーブルのほうに移動すると、追いかけてきます。この方の場合、歩行障害が出るときと、出ないときがあります。

結局、テーブルの周りをグルグルと追いかけっこをする形になりました。これが子どもなら、ほほえましい光景ですが、今回の話は別です。

Ｐさんは「どうして逃げるんだ？」と怒りながら、追いかけてきます。私は「リハビりになっていいですね」などと交わしつつ、逃げます。ずっとテーブルの周りをグルグルと回っているわけにもいかず、ついにはテーブルの下に隠れ、Pさんが落ち着くのを待ちました。その間、私は床を拭くしぐさをします。目の前から姿が消えたので、さすがにテーブルの下までのぞき込んだりはしませんでした。しばらくすると、部屋のほうに戻ったので、やるべき仕事をやって訪問宅を出たのです。

Pさんには奥さんがいて、私との関係も良好だったので、この日の出来事を報告し、次のように付け加えました。

「ご主人は、人の温もりを感じられるボディータッチを求めているような気がします」

すると、奥さんはそのことを理解し、早速、それまで別々に寝ていた部屋からベッドを並べて寝てくれるようになりました。おそらく夫が認知症になり、夜中に起きたり、大声を出したりするので、寝室を別にしていたのでしょう。

奥さんと寝室が一緒になると、そうした追いかけ行為はぴったりと止みました。やはりPさんは人恋しかったのかもしれません。

日本人は西洋人と違い、人前で抱き合ったり、キスしたりすることが苦手で、スキンシップを取ることがほとんどありません。理性が働いている頃は、そうした欲望は抑えられているのでしょうが、年を取ったり、認知症になったりすると、人肌が恋しくて身近にいるヘルパーにスキンシップを求めるのだと思います。

しかし、ヘルパーにとっては、セクハラ以外の何物でもありません。前任者が辞めたため、私が代わりに行くことになったのですが、事業所が違っていたので、辞めた理由はわかりませんでした。

しかし、この出来事で、なぜ前任者が辞めたのかがわかりました。経験の浅いヘルパーにとっては、こわい出来事だったのでしょう。

相手が興奮状態にあるときには、あえて手を握ったり抱きしめるという高度な裏技を使うこともあります。肩をさすったりして「大丈夫？　落ち着いて」と声がけするのです。そうすると、安心して穏やかになることもあります。

とはいえ、これは経験のあるヘルパーだからこそできることであって、若い女性ヘルパーにやってごらん、といっても逆効果になる可能性もあるので、むずかしい話です。

こういう利用者には長年ヘルパーをやってきた人を派遣するのが得策なのですが、いかんせん、ヘルパーは人材不足です。思うようにヘルパーのやりくりができないのが介護現場の実状といえるでしょう。

パンツを下げ、性器を見せて迫ってくる老人

この人は前頭側頭型認知症の方でしたが、リハビリパンツ（大人用の紙パンツ）を下げて性器を出して迫ってくるのです。前から来る場合は避けようもあるのですが、床を拭いているときに後ろから迫られて馬乗りになられると本当にこわいです。相手が老人であっても、それなりに力がありますからね。

前頭側頭型認知症は、感情失禁が起こりやすい病気でもあるので、感情のバランスを崩してそうした行為をすることがあります。

馬乗りになられても、前に逃げてかわします。そして、「どうしたんですか？」「つまずいたんですか？」と冷静に聞きます。まちがっても、「ワーッ」とか「きゃあ」とかいいません。相手を余計に興奮させてしまいます。相手はパンツを下げていますから、「トイレに行きたかったんですか？」とか「トイレはあちらですよ」といってトイレに

連れて行きます。

こういうときというのは、本当に気配を消して忍び寄ってくるので、訪問中は油断できません。「さっきまでベッドの上に座っていたのに、いつの間に近づいたんだろう？」と思うことがよくあります。

この人はもう80歳近い方でしたが、体格のいい人だったので、恐怖を感じました。しかし、よほど悪質でないかぎり、男性ヘルパーに代わるということはありません。実際問題として男性ヘルパーの数はそれほどいないので、女性ヘルパーが訪問せざるを得ないというのが現状です。

意外と多い「性器を洗って」と要求する老人

私たちの仕事である身体介護のなかには入浴介助があります。お風呂に入れるのが仕事なのですが、男性利用者のなかには「おチンチンの皮をむいて洗って」という人がいるのです。初めて頼まれたときには本当にびっくりしました。私は男性ではないので、わからないのですが、性器の皮の奥まできれいに洗わないと気がすまない人もいます。

そういうときは「自分で洗ってください」といいますが、手が不自由だったり、震えるような障害のある場合は、どうしようかと迷います。ただ、自分のいうことを聞いてくれるか、ヘルパーを試しているような人もいますから、「これはヘルパーの仕事じゃないので、ご自分で洗うのが大事」とやんわりと断ります。

なかには、ふだんからいやらしい言動をしている人もいますから、そういう場合は完全にセクハラ行為の範疇《はんちゅう》に入ります。「ご自分でどうぞ。はい、これ」といって石けんを渡すのです。そうすると、いやいやながらも自分で洗います。

事業所の責任者が元看護師だと「そんなの、皮をむいて洗ってあげればいいのよ。垢《あか》が溜まりやすいところだから」とアッケラカンといわれたりします。

看護師は体の機能からケアを学んでいるので、セクハラとも思わないようですが、私たちヘルパーにとっては想定外な要求なので、めんくらってしまいます。

自分で洗えるところは洗ってもらうというのが介護の基本なのです。

※寝たきりの場合は衛生上の観点から、陰部洗浄の業務として取り組まれています。

鏡でヘルパーの動きを観察する50代の障害者

私が公務員ヘルパーだった時代に出会った利用者に、50代の車いす生活の人がいました。介護保険制度が始まる前で、それまでは家政婦紹介所などからヘルパーが派遣されていたのですが、ケアがむずかしいということで、私たち公務員ヘルパーが対応することになったのです。

ふだんは自宅のなかを車いすで移動しているのですが、掃除や洗濯などができないので、そうした援助をヘルパーに頼んでいたのです。初めて訪問したとき、部屋のなかの様子に異様なものを感じました。壁のあちこちに鏡が取り付けられていたからです。

何をするのかといえば、その鏡を通してヘルパーの動きをジッと観察するのです。ただ見ているだけですから、セクハラといえるのかどうかわかりませんが、気味が悪いことに変わりはありません。言葉でいやらしいことをいわれるわけではありませんが、見られているという威圧感があり、訪問するのが憂鬱《ゆううつ》だったことを覚えています。

しかし、その方は介護保険制度が導入される前に亡くなりました。寝たきりのせいで褥瘡《じょくそう》（床ずれ）がひどくなり、感染症を引き起こしたのが原因でした。障害のある方は年とともに障害が重くなったり、二次障害で病気になるリスクが高くなりますから、適切なケアが必要です。

いまは医療技術も進んで訪問看護士やヘルパーの手助けや、福祉用具で褥瘡予防ができますが、健常者に比べるとまだ短命の方が多いです。

セクハラが当たり前の「エロじじい」もいる

セクハラというと、胸やお尻を触るというイメージがあるかもしれませんが、介護の現場では肩に手を置いたり、抱きついたりする人のほうが多いように思います。胸やお尻を触ってくる人というのは、明らかに確信犯です。

そういうタイプは、会社の社長だった人や先生と呼ばれるような職業の人に多くみられます。おそらく現役時代に高級クラブやキャバクラなどに通っていて、ホステスにちょっかいを出していたのでしょう。そういうクセは年を取っても変わりません。むしろ、増長している可能性もあります。

とくに、ヘルパーを見下しているような利用者は、平気でセクハラめいたことをします。胸やお尻を触ることがセクハラだとはまったく思っていないのです。

利用者が寝たきりであっても、気は許せません。身体を拭いたり（清拭《せいしき》）、寝返り介助、体位交換（床ずれ等を防ぐために体位を変えること）をするためにベッドに近づくと、お尻を触ったりするのです。まったく油断もスキもあったものではありません。

そういう利用者の場合は、できるだけお尻を見せないように利用者側に顔を向けて移動します。

リスクが上がるのは、利用者が歩ける場合です。前述したように追いかけてきますからね。逃げ道があるならまだいいのですが、台所などでテーブルが壁にくっついているときは要注意です。どん詰まりになっているので、逃げ場がなくなってしまいます。

そういう場合は、別のところにものを取りに行くそぶりをして、すれ違います。あるいは、「何か召し上がりたいんですか？」と聞いて、食べ物を渡したりします。

決して逃げるそぶりはしません。堂々としているのが相手を落ち着かせることにつながるからです。こちらが慌てたり、こわがったりすると、興奮してさらに迫ってくることになります。相手を刺激し、強く手首を摑んだりさせないことが鉄則なのです。

利用者との関係性によっては、摑まれた手を払い「やめてください」とはっきりいいます。「この手が悪いのね」と、怒っていることを示さないと、何度も繰り返す可能性があります。もちろん、あまり関係のよくない利用者にはそんなことはしません。

私たちヘルパーは利用者との信頼関係を築くことが大切だと教わります。

セクハラをするような利用者と信頼を築くのはむずかしいことではありますが、セクハラには毅然と対応しながら、本人の不安や寂しさに対し仕事として色々試すことで関係が改善することもあります。軽口をたたけるくらいの関係性ができていれば、セクハラ行為についても「それはセクハラですよ」とはっきりいうこともできます。

「まえがき」にも書きましたが、最近はアメリカから端を発した「#Me Too」運動のおかげで、日本でもヘルパーへのセクハラ行為が問題になっています。利用者のなかには自分のセクハラ行為を「これはまずい」と思い、やらなくなってきた人もいます。やはり世間が「セクハラは人権侵害だ」「犯罪だ」とはっきり認識することで、介護現場でのハラスメントも減っていくのではないかと思います。

元自衛官の急所を蹴って脱出したことも

ヘルパーのなかには護身術を習う人もいました。私も習いました。それくらい危険なこともあったからです。

私が担当したEさんは70代の元自衛官で体格もよく、威圧感のある人でした。体重も80キロ以上はあったと思います。

仲間内でも「こわそうだよね」と話していたのですが、あるとき、前から迫ってきたのです。相手は力があります。私は小柄なので、突き飛ばすこともできず、ギューッと抱きしめられて逃げることもできなくなりました。もはや「急所を狙うしかない」と相手の股間を思いっきり蹴り上げました。そして、一瞬、相手がたじろいだスキに逃げ出したのです。

「こんなところには二度と行けない」と、事業所に相談。女性ヘルパーでは危険だと判断され、男性ヘルパーがいる事業所に変わってもらうことになりました。このときは本当に恐怖を感じました。あのまま逃げられなかったら、どうなっていたかと思うと、いまでも胸がドキドキします。

利用者が迫ってくるときには、前からの場合と後ろから羽交《はが》い締めにされる場合とがあります。前から迫られたら、ドンと突き飛ばします。ただ、周りにぶつかりそうな物があれば、逃げの一手で、こわいのは後ろから羽交い締めにされた場合です。

そういうときのために護身術を習うのですが、瞬間的にやらないと効果がありません。ギューッと抱きしめられてしまうと、護身術も効果がなく、下に抜けるしかなくなります。しゃがむ格好になりますね。そうすると、羽交い締めにされていても逃げることができます。

Eさんの場合、最初からイヤな感じはありました。ずっとヘルパーの動きを目で追っているのです。普通、そんなことはありません。しかも、部屋のなかにはエロビデオやエロ雑誌がこれみよがしに置いてあったりしたのです。自分のオオカミ的な雰囲気を隠そうともしていませんでした。それで、他のヘルパーとも「気をつけよう」といい合っていたのです。

昔は、たとえ利用者に危険な香りが漂っていても、それだけでは男性ヘルパーに変えてもらうことはできませんでした。何かあったときに初めて対応してもらえたのです。
ただし、排泄介助とか入浴介助などの身体介護がある場合は、当然男性ヘルパーに変わります。身体介護はイヤでも利用者の身体に接触する必要があり、それだけセクハラのリスクも高まりますから。

掃除や洗濯などの生活援助だけの場合は、利用者と直接、接触することがないということで、ヘルパーが自己防衛するしか手はありません。つまり、利用者の気配を感じながら仕事をするということです。少しでもおかしな動きがあったら、相手から離れる、背中を見せないようにするなどの対応が必要になります。

ヘルパーになるときは、こんなリスクがあるとは教えてもらえないので、多くの人は突然こんな目にあうとこわくなってしまいます。とはいえ、セクハラ行為をするのは利用者のごく一部の人です。利用者の大半は女性で、男性の利用者は全体の3割程度、そのなかでもセクハラをするのはさらに少数なのです。

セクハラ行為を受けたり、感じたりしたら、すぐに事業所に相談することです。すぐに辞めるという決断はせず、まずは交替を申し出て、先輩ヘルパーからアドバイスをもらったり、きちんと本人や家族に注意してもらったり、どうしてもダメなら女性の利用者だけを担当するといった方法で続けてほしいと思います。

キスを迫られ、必死に抵抗

経験を積んだヘルパーにとっては、笑ってしまうようなセクハラ行為もあります。Bさんという70代の男性だったのですが、唇をとがらせて迫ってくるのです。まるでマンガの一場面のようでした。

「唇がタコみたいになっていますよ」といいながら、手のひらで阻止しましたが、私も思わず笑ってしまいました。嫌がられるのをわかっていて、わざとやっているような感じなのです。じゃれているというか、ヘルパーに甘えているんですね。

とはいえ、ヘルパーはその人の奥さんでも恋人でもありませんから、断固、阻止します。Bさんの場合も、私が「ダメです。やめてください」と徹底的に抵抗の意思を示したら、諦めてくれました。それでも諦めないときは、相手の身体を手で押しとどめます。

私の知っている事例で、20代のヘルパーがベッドに押し倒されて、よくあるドラマの暴行シーンのようにキスを迫られたことがあります。そのヘルパーは優しい人で、なかなか相手の身体を突き飛ばすことができなかったのですが、どうしようもなくなって思いっきり両手でバーンとはねのけ、青ざめた表情で事業所に帰ってきました。

彼女はまじめで責任感の強い人だったので、それ以来、「自分にスキがあったのかもしれない」「自分が悪いのではないか」などと思い悩み、うつ病になってしまったのです。結局、休職せざるを得なくなりましたが、２年後に復帰。いまは女性の利用者だけを対象にヘルパーとして働いています。

若手のヘルパーの場合は、派遣先を考慮する必要があります。ある程度、年がいっていると、人生経験もあるし、それなりの度胸もあるので、何かあったときの対処のしかたやその後の気持ちの落ち着かせようも心得ていますが、若くて経験の浅い場合は、セクハラ行為を受け止めきれません。

また、若い障害者の場合は同性介助が原則となっています。報告を受けたサービス提供責任者や先輩ヘルパーがアドバイスしたり同行したりの配慮は必要だと思います。いずれにせよ直行直帰型（利用者宅から自宅を往復する）での働き方を変えてゆかなければば安心して働けません。

トイレ介助で性器を顔に押しつけられる

ヘルパー業務の身体介護のなかには、排泄の介助もあります。ベッド上でオムツやパッドを替えるだけでなく、自立支援のために利用者をトイレに連れていき、ヘルパーが便座の前に座って陰部洗浄を行うこともあります。そうすると、汚れ具合によっては顔の位置が性器の前にいってしまいます。

昔の話ですが、私が下を向いていると、頭を押さえつけられて、性器が目の前に迫ってきたことがあるのです。もちろん、さすがに「何をするんですか」と大声を出します。それはもう、メチャクチャ怒りました。

そうすると、私の剣幕におそれをなして手を離しますが、ヘルパーとしてはその場を離れるわけにはいきません。なにしろ、相手はパンツを下ろして便座に座っているわけですからね。もう無言でやるべきことをてきぱきとやって仕事を終わらせます。

そして、「こんなことをしたら、次にヘルパーに来られませんからね」とか「誰もへルパーに来てくれなくなりますよ」といいます。これは脅し文句でもあります。もっと悪質な場合には「セクハラで訴えますよ」といいます。

また、私自身の体験ではありませんが、知り合いのヘルパーで似たようなセクハラ行為を受けた人がいます。脳梗塞で半身麻痺のある60代後半の利用者と話しているときに「トイレに行きたいから手を貸してほしい」といわれ、パジャマのズボンを下ろすように頼まれたのです。その通りにすると、突然、頭を押さえつけられ、顔に性器を押しつけられました。びっくりして大声をあげると「ごめん、ごめん」と謝ったそうですが、急いでズボンを穿《は》かせて退散し、事業所に報告。上司が事実確認に行くと「意識がもうろうとして覚えていない。もし本当にそんなことがあったのなら申し訳ない」と釈明しました。今なら裁判ものでしょう。

しかし、当然のこととして、それ以降は男性ヘルパーが担当することになりました。

どうして自分の性器を女性の顔に押しつけようとするのか、理解に苦しみますが、こうしたセクハラ行為は明らかに犯罪です。

ヘルパーは身体介護もしますが、そこで目にするのが、70代、80代であっても勃起するという事実です。それは排泄の介助だけでなく、入浴介助のときもあります。下心があって勃起するのか、自然現象として勃起するのか、そのあたりはよくわかりませんが、危険信号と受け取り、ササッと仕事を終わらせるようにします。

その気がないのに勝手に勃起してしまい、利用者のなかには「ぼく、息子が元気だね」などといいつくろう人もいます。そういう場合はセクハラには当たらないと思います。男性の排泄介助や入浴介助では、そういうこともあると心得ておく必要があるでしょう。新人ヘルパーにはショッキングなことかもしれませんが、慣れてしまえば、自然現象だと何とも思わなくなります。ただ、個人差があるので、無理なときはサ責に相談しましょう。

ヘルパーをデリヘル扱いする老人

本書のタイトルではありませんが、利用者のなかには、ヘルパーをデリヘルかと勘違いしている人がいます。「お金を払うから、やらせろ」といって交渉してくるのです。この時点で悪質なセクハラですが、おかまいなく真顔でいうのですから、本当にまいってしまいます。

この手の人は、「あんた、いくつになる？」とか「結婚しているのか？」などとプライベートなことを聞いてきます。結婚しているというと、セックスの話題を持ち出し、こちらの反応を見ながら「やらせろ」といってくるのです。

こういう人には「ヘルパーはデリヘルではありません」といって毅然とした態度で断ります。実際に迫ってくることはないので、こわいということはありませんが、こういう言葉によるセクハラも、ヘルパーをひどく傷つける行為には違いありません。

また、私の経験ではありませんが、「サービス価格表」という紙が置いてあるのをサ責が発見したことがあります。そこには「手を握る＝100円、胸を触る＝500円、胸を直に触る＝1500円、ほっぺにキス＝1000円、接吻＝2000円、あそこを触る（15秒）＝2500円……」などと書かれてあったそうです。

他のヘルパーに聞き取り調査をすると、40代前半の女性ヘルパーが「あんたたちも薄給で大変だろう。こんなの作ってみたんだけど、どれか選んでくれないかなあ」といわれたと証言したのです。彼女が冗談で「みんな、ゼロが1つ足りないわよ」というと、

「そうか、わかった。いくらでもやるから、いいことしよう」と目をらんらんと光らせたそうです。それを見て気持ちが悪くなり、それ以来、悩んでいたとのことでした。

これはかなり悪質なセクハラといえるでしょう。注意して改善されたそうですが、「男性ヘルパーに代わってもらいますよ」とか「セクハラです」といえば、収まる可能性はあります。

それにしても、こんなサービス価格表まで作るとは、知能犯といえますね。男って奴には、本当にあきれます。

自慰行為を見せて喜ぶ老人

ヘルパーをしていると、男性の性的欲望の強さに驚くことがあります。もともと露出狂だったのかどうかはわかりませんが、かつて私が調理したり、掃除したりしているときに、わざと見えるところで自慰行為に及ぶ人がいました。これは70代のHさんで、行為が終わると「姉ちゃん、ティッシュ、取ってくれ」と頼んできます。

ヘルパーですから、当然頼まれたことはやりましたが、今なら許されないでしょう。

「人前でやることはセクハラですよ」とひと言加え距離を置きます。

また、別の利用者で、私が訪問しているときにエロビデオを見る人もいました。そういうときは「音を小さくしてください」とか「ここの戸を閉めさせてもらいますね」といって、テレビのある部屋の戸を閉めていました。

こういう場合、ヘルパーがいるときにわざと見ていたのか、あるいは、日常的に見ていてヘルパーがいても気にしないのか、どちらかはっきりしません。そこで、「私は女だから、そういうビデオは自分の性を辱められているような気がしてイヤなんですよ。私がいるときは見るのをやめてください」と冷静に頼みます。

それでも止めないようなら、前述の通り、「男性ヘルパーに代わってもらいます」とか「セクハラにあたります」と警告します。

なかには、「ビデオが壊れちゃって」とか「操作を忘れちゃったから、つけてくれる？」などといって、ヘルパーにビデオのスイッチを入れさせる人もいます。もちろん、なかにはエロビデオがセットされています。わざとそういう策略を練っている人もいるのです。きっと、次はどうやって困らせてやろうかと考えているのでしょう。

ひとり暮らしの高齢者の場合、女性のヘルパーが来るというのは異性に触れるチャンスともいえます。それゆえに、どうしても性的欲望の対象になってしまうのではないでしょうか。

家に閉じこもってばかりではなく、デイサービスを受けるなど、多くの人に触れ合う機会が必要だと思います。

「姉ちゃん、裸じゃないのか?」とつぶやいたヤクザのドン

もう亡くなりましたが、私にとって忘れられない利用者がいます。それが元暴力団組長のTさんです。

初めて訪問したとき、「殴り込みが来ても、すぐに舎弟を呼んでくれれば大丈夫だから」と、脳梗塞で麻痺した反対側の腕を伸ばして日本刀を握るそぶりを見せました。そのとき、本当にヤクザの組長なんだと足が震えた記憶があります。

Tさんの介護プランは、週2回の入浴介助とリハビリを兼ねての近所のラーメン屋さんへの付き添いでした(現在、外出・散歩の介助はほとんどの自治体で認められておら

ず、実施する場合は自費となる）。自宅での入浴介助になったのは、背中に刺青《いれずみ》があると他の利用者がこわがるというので、デイサービスから断られたのが理由だそうです。

初めての訪問時のことです。入浴介助の準備が整い、声をかけると、私のほうを見て驚いたように「姉ちゃん、裸じゃないのか？」とつぶやいたのです。そのとき、私は半袖に短パン姿でした。ソープランドの女性と勘違いしたのか、その顔は真剣そのもの。私が笑いながら「職業が違いますよ」というと、怪訝《けげん》そうな顔をしています。どうもヘルパーの仕事が何なのか、理解していなかったようです。その日は予定通り、入浴介助をして終了しましたが、次回以降、同じことを口にすることはありませんでした。

また、外出介助では、自宅から約200メートル先にあるラーメン屋さんまで身体を支えながら歩くサポートをします。左足に補装具をつけ、左足を半歩出すのが精一杯で、30分かかっても100メートルも進まない状況です。

しばらくすると、「姉ちゃん、トイレ」といい出しました。これには私も頭を抱えました。自宅に戻るわけにもいかず、「東京都の迷惑条例に引っかかるから、次回からはトイレに行ってから出かけましょうね」といいながら、後ろから立ちションベンの介助をしたのです。

ふだんの訪問のときも、私の少し出っ張ったお腹を見ては「やることやってるんだな」とか「妊娠しているのか？」と聞いてきました。そういう言葉がセクハラになると、まったくわかっていないようでした。

これはTさんにかぎらず、他の利用者でもヘルパーの体つきのことを話題にする人は結構います。笑ってすませられることではなく、とにかくこうした言葉に傷つくヘルパーも多いのです。からかい半分だとしても、セクハラにあたることですから、やめてほしいと思います。ただでさえ人材不足なわけですから、本当にケアする人がいなくなります。

このTさんとの別れは突然、訪れました。汚れた下着を自分で洗おうとして、頭から水の張った浴槽に落ち、パンツが顔に張り付いて窒息死してしまったのです。訪問を開始してから1年が過ぎた頃のことでした。ヘルパーに掃除や洗濯などを頼めると知っていたはずなのに、決して自分の下着の洗濯は頼まなかったのです。

ヤクザの組長としてというより、男としてのプライドが許さなかったのでしょう。心意気のある人でした。葬儀には関東一円から弔問客が集まり、ベンツがズラーッと並びました。組長として慕われていた人だったのだと思います。

「あんた、旦那とできてるんでしょっ！」と言い放った老夫人

これは直接的なセクハラではありませんが、セクシャリティに関わる事例として紹介したいと思います。

私が訪問していたのは80代半ばの認知症のF子さんで、10歳年下のご主人と同居していました。F子さんは、若い頃はさぞや美人だっただろうと思われるような女性で、いつも身なりもきちんとしています。

私の担当は食事の介助や服薬、更衣してデイサービスへの送り出しですが、F子さんの「この服は主人が買ってくれたの」という説明を聞きつつ洋服を着せると、今度はバッグの中身をチェックします。「ティッシュがないと困るでしょ」といいながらバッグにティッシュやハンカチを入れるのですが、入れたことをすぐに忘れてしまい、同じことを何度も繰り返すのです。これは記憶障害が特徴の認知症の1つで、F子さんにかぎ

ったことではありません。

そばで見ていたご主人が業を煮やし、「いい加減にしろ」と怒鳴りました。すると、びっくりしたF子さんは、あろうことか、私のほうを見て「あんた、旦那とできてるんでしょっ！」といったのです。ご主人に怒鳴られたF子さんが、自分がデイサービスに行った後、私とご主人が何かすると勘違いしたのでしょう。

私は、ご主人が怒鳴る前に声を掛けていればよかったと反省しながら、2人をなだめ、F子さんをデイサービスの送迎車になんとか乗せますが、F子さんは車に乗ってからも、こちらのほうを不審そうに見ています。

このままではまずいと思った私は、送迎車が向かう方向に歩き出し、F子さんが安心した表情になるまで手を振って送り出しました。

私の次の訪問先は送迎車の方向とは正反対でしたが、F子さんの疑念を晴らすためにはしかたがありません。それ以降、F子さんはデイサービスの送り出しの度に「あんた、旦那とできてるでしょう」というようになってしまったのです。

頭から離れなくなったようでした。認知症は記憶に障害のある病気ですが、マイナスの感情は定着しやすく、このことに関しては忘れることはなかったのです。

Ｆ子さんの訪問には私以外のヘルパーも関わっていたので、みんなで「これはご主人への愛だね」と話していましたが、毎回のようにいわれるので、結構まいりました。

私たちヘルパーはＦ子さんより若いので、ご主人を取られると思ったのかもしれません。「これから別のお宅に行くんですよ」とか「ご主人のところには戻りませんから」といっても信じてもらえず、嫉妬心というか、猜疑心の塊のようになってしまったのです。そんなこともあり、Ｆ子さんとはあまり良好な関係にはなれませんでした。

Ｆ子さんのご主人も、何度も繰り返す確認行動が認知症のせいだとわかっていたと思いますが、生活をともにしているとイライラも募るのでしょう。

ヘルパーは、こうした家族と利用者の板挟みになることもあります。認知症の人の「嫉妬妄想」や「物取られ妄想」など、現場ではよく出会います。そういう意味では、夫と妻の関係性やセクシャリティには配慮が必要です。

「イケメンを連れてきて」という老夫人

私たちの仕事には、前述したように「デイサービスへの送り出し」というものがあります。利用者の身支度をして、デイサービスから送迎車が迎えに来るのを待つというものですが、そのドライバーが若い男性職員だと女性の利用者の顔がパーッと明るくなることがあります。女性ヘルパーに向ける笑顔とはまったく別物の笑顔なのです。

「この差は何？」と思うこともあります。

なかには、「イケメン兄ちゃん、連れてきてよ」という利用者もいます。冗談半分でいう人もいれば、まじめに男性ヘルパーを望む人もいるのです。かといって、男性なら誰でもいいかというと、そうではなくて、あくまでも若くてイケメンの男性ヘルパーが希望なのです。

さすがに本人にはいえないのか、私に「あんたのところ、イケメン、いないね」とか「もっと若いお兄ちゃんいないの？」とか、「こんなおじさん、イヤだ」と文句をいったりします。もっとひどくなると「もう来なくていい」などという人もいるのです。

さすがにそんなことをいわれると、落ち込む男性ヘルパーもいます。

それは女性にかぎらず、男性の利用者が女性ヘルパーにいうこともあります。私の経験でも「おばちゃんじゃなく、若い人がいいんだけどな、若い人」といわれたことがあり、冗談でもそういわれると、最近では「性別や年齢で差別すると、セクハラですよ」と伝えます。

夫や妻に先立たれ、子どもも成人して独立した後、ひとり暮らしがわびしくて、そういう文句をいったりするのかもしれませんが、ヘルパーはホストでもホステスでもないのです。あくまでも介護のプロです。

ただし、どうしてもデイケアに行かない人や、セルフケアのできないままヘルパーを拒み続けている人がいるときには、逆にあえて色気を呼び水とするテクニックもあります。

ヘルパーに「もう来なくていい」といった妻の嫉妬心

普段は奥さんが夫を看ていて、ヘルパーの介助が必要になったときの感情の起伏について、セクシャリティに関わることとして紹介したいと思います。

私がまだヘルパーになりたての頃のことです。80代半ばの男性のOさんの身体介護をしていたのですが、奥さんもそばにいて様子を見ていました。本当は自分で夫の世話をしたかったのでしょうが、奥さん自身も高齢で自分ではできないということで、ヘルパーに身体介護を頼んでいたのです。

私は「Oさん、はじめまして。ヘルパーの藤原です」とあいさつをしてオムツ交換をしました。その間、何も話さないのもどうかと思い、四方山《よもやま》話をしながらケアを終えると、Oさんがニコニコしながら「ありがとう、世話になったなあ」といたわってくれたのです。

私としては気持ちよく仕事ができたと思ったのですが、帰り際、奥さんから「あなたには、ありがとうというのね。私は一度も感謝されたことなんてないわ」といわれ、「あんた、もう来なくていいから」と言い渡されてしまったのです。

いま思えば、奥さんの思いにいたらなかった私の落ち度でもありました。事業所の先輩に話をすると、そういうときは「奥様は愛されているから、ご主人は甘えていらっしゃるんですよ、毎日の介護、お疲れ様です」とか「ご主人、上手に言葉を発するようになって、よかったですね」などといったほうがよかったとアドバイスを受けました。ご夫婦で暮らしている家庭に訪問するときの配偶者との関わりのむずかしさを学ばされました。

こうした経験はその後も続き、私のケアをそばでじっと見て「私のやり方とは違う」といわれたり、こと細かに注意を受けることもあります。

その一方で、「ご苦労様、あなたたちに来てもらって助かっているわ」と感謝の言葉をかけてくれる奥さんもいます。そういう場合は仕事もやりやすいのですが、そうとばかりもいきません。

さまざまな経験を経て、主たる介護者をねぎらい、パートナー間の愛情に思いを馳せながら、セクシャルな面に誤解が生じないよう適切な距離を取ることの大切さを身につけていったように思います。

利用者の息子にまつわるセクハラめいた話

いま、親の介護をきっかけに仕事を辞める介護離職が増えています。そういう事情もあり、私が訪問する先でも、息子さんが在宅していることがあります。50代、60代で独身者である場合、なぜか自分の部屋から出てきて、ヘルパーが母親の身体介護をしているのをジッと見ていることがあるのです。それが母親を気づかってのことなのか、ヘルパーが気になるからなのか、理由はわかりません。

引きこもりをしている場合もあるので、そういうときには「こんにちは」とか「今日は天気がいいですね」などと声をかけたりします。それが外界とのつながりになるのではないかと思うからです。

しかし、なかには、不穏な感じがする人もいるので、そういうときは警戒しながら母親のケアをします。玄関のほうに行く気配を感じたら、「部屋に風を入れますね」などといって玄関のドアに靴をはさむこともあります。こうすればドアにカギをかけられることもないし、いざというときに逃げやすくなります。なにしろ、相手は健常者の男性ですから、信頼関係ができるまで、緊張します。

また、利用者の母親から「うちの息子のお嫁さんになって」とか「身内になれば、この先も面倒を見てもらえるしね」などといわれることもあります。

そういうときは「私、結婚しているので」というようにしています。たとえ、シングルであっても「子どもがいる」「夫がいる」と返答をするのが無難です。

ヘルパーのなかには、結婚といわれるのが苦痛で、「別のヘルパーに代えてほしい」と上司に頼むこともあります。

実際、「うちの息子です」と紹介されることもあるのです。そういうときは「ヘルパーです。よろしくお願いします」といってあいさつするだけにします。さりげなくするのが、事態をこじらせないようにする鉄則だからです。

障害のある思春期の息子を持つ母親の悩み

私は障害者を対象とした訪問介護もしていますが、そのなかには子どもも含まれます。あるとき、障害のある思春期の男の子を持つお母さんから相談を受けました。それは息子に性についてどう教えたらいいのか、というものでした。年頃になれば、夢精をすることもあります。子どもにしてみたら、何だろうと不思議に思うことでしょう。そういうとき、射精することを教えたらいいのかどうか、悩む親がとても多いのです。

親御さんのなかには、あえて教えずに自然に任せるという人もいれば、手が不自由でなければ、本人にマスターベーションのやり方を教えるという人もいます。手が不自由で自分でできない場合は、お父さんやお母さんが代わりにやってあげるという話も聞いたことがあります。

母親によっては「自分ではできないから、あなたが射精介助してあげて」とヘルパーに頼んでくることもあるのです。障害者の場合は同性介助が原則ですから、男性のヘルパーによってはやってあげる人もいます。障害者の施設でも、職員が介助するところもあると耳にしたことがあります。

障害児に対する性教育というと、東京都日野市にある七生養護学校事件が思い出されます。七生養護学校は知的障害のある子のための学校で、1997年に女子生徒と男子生徒が性的関係を持ったことをきっかけに、教員と保護者がどうすべきかを協議。知的障害児向けに独自の性教育プログラムを開発したのです。人形などを使った授業を行い、同様の悩みを持つ他地域の養護学校からも研修を受け入れていました。

それに対し、2003年に都議会で土屋敬之議員（当時）が「世間の常識とかけ離れている」として東京都教育委員会（以下、都教委）に「適切な対応」を求めたのです。それを受け、「人形などを使った授業内容が不適切」という理由により、都教委が当時の校長や教員に厳重注意処分を行いました。しかし、その後、都教委の処分は教育への不当介入だとして校長や教員が訴訟を起こし、勝訴しています。

この事件は、障害児に性教育を行うべきかどうかを世間に問題提起したともいえます。しかし、いまだに世間一般のコンセンサスというものはなく、「寝た子を起こすな」という意見も根強くあります。

私も障害のある子どもの性について、相談を持ちかけられると悩みます。どうするかは保護者に任せるしかありませんが、そういうとき、私は「デリヘルはんどめいど倶楽部」や「ＮＰＯノアール」という非営利組織を紹介しています。

これらの団体は「障害者の性」の問題を解決するために設立され、重度身体障害者に対する射精介助サービスや風俗店で働く女性の無料生活・法律相談事業などを行っています。

私に相談を持ちかけたお母さんにも、こういった団体のことを伝えました。実際に連絡を取ったかどうかは聞いていませんが、ヘルパーとして持っている情報は提供していきたいと思っています。

ヘルパーに性の悩みを相談した障害のある男性

私自身の話ではありませんが、知り合いのヘルパーが、身体障害のある50代のLさんから、自分の性の衝動について相談を受けたことがあります。つまり、「女性とセックスしたい」という相談です。

それは一見するとセクハラ発言のようにも思いますが、Lさんは、そのヘルパーとセックスしたい、といったのではありません。自分が生きている証として「セックスをしたいという願いは叶えられないだろうか？」と尋ねたのです。

そういう悩みを打ち明けられるほど、信頼関係ができていたということでしょう。

Lさんの病気は進行性で、難病といわれているものでした。一度発症すると進行を抑えることはできず、胸部の筋肉が働かなくなるので人工呼吸器を使いますが、寝たきり状態になったり、呼吸困難に陥ったりします。そして緩和ケアをしながら死に至ります。

そういう重い病気の男性から相談を受けたら、私も悩むでしょう。彼女も随分、悩んだようです。そして、デリヘルを頼むことにしたのです。

しかし、Lさんの願いは叶いませんでした。肝心のときに勃起しなかったのです。セックスのお膳立てをしたからといって、その気になれるかどうかはわかりません。

現行の障害者福祉制度や介護保険制度では「障害者や高齢者には性欲がない」という前提でサービスや教育カリキュラムが実施されています。しかし、実際には障害者から性の悩みを打ち明けられることもあるのです。

当事者はもちろん、私たちヘルパーにとってもセクシャリティの問題は永遠のテーマであるといってもいいでしょう。

ただ、女性の肌に触れ、抱きしめ合い、挿入だけではない快さを愉しめていたら救いです。

※デリヘルは基本挿入のない擬似セックスなので、そもそも挿入という意味でのセックスの願いは叶いません。

第二章　在宅介護でよくあるパワハラ

セクハラよりも圧倒的に多いパワハラ被害

近年、アメリカから始まった「#Me Too」運動により、セクハラ被害がクローズアップされているのはご存じの通りです。そのおかげでヘルパーのセクハラ被害にも目が向けられ、「まえがき」にも書いたように、厚労省による対策マニュアルの作成が計画されるまでになっています。

しかし、実はセクハラ被害よりパワハラ被害のほうが圧倒的に多いのです。第六章で詳しく書きますが、日本介護クラフトユニオン（NCCU）のアンケート調査でも、女性2107人のうち70・6％（1488人）がパワハラに該当する行為を受けていると回答しています。

これに対し、セクハラに該当する行為を受けたことがあると回答したのは32・6％（685人）で、セクハラ行為よりパワハラ行為のほうがはるかに多いことを示しています。

私の経験でも、セクハラ行為よりパワハラ行為を受けるほうが圧倒的に多いと実感しています。周りにいるヘルパー仲間に聞いても、同様の感想を持っている人が大半といっていいでしょう。社会の動きと連動してセクハラに注目が集まっていますが、利用者のパワハラ行為に泣かされるヘルパーが多いということを知ってほしいと思います。また、セクハラもパワハラの一形態といえます。

経験の浅いヘルパーがパワハラに遭うと、そのことがトラウマになってしまい、恐怖心から萎縮してしまいます。そうすると、また怒鳴られるんじゃないかと思ってびくびくしながら仕事をすることになります。それではいいケアにはつながりません。

結果的に利用者に跳ね返ってしまうのです。お互いに不幸なことだといえるでしょう。

利用者から「役立たず」「無能」「能なし」などと嫌みをいわれたり、怒鳴られたりすることもあります。強く印象に残っている事例は多くはありませんが、いまでも忘れられない出来事について紹介します。

ヘルパー泣かせだった元美容部員の女性

介護保険制度が始まる前の、私が公務員ヘルパーだった頃の話です。ある化粧品メーカーの美容部員だったというIさんは60代のリウマチ患者で、手足を動かすのが不自由でした。しかも、体重が100キロ近くもあり、室内での移動も痛みと関節の変形から、ほとんどできないような状態だったのです。

1日中、ベッドの上で過ごしているIさんは自分の思い通りにならないと、ものすごく怒ります。たとえば、髪の毛のブラッシングのかけ方がそうでした。ブラシを90度に傾けてバッと髪をすくってブラシをかけるようにと命令するのです。

それができないと、できるようになるまで何度も繰り返しやらせます。それはまさに永遠に終わらない地獄の作業のようでした。

Iさんにはブラッシング以外にもこだわりがあり、身体を拭くのも一筋縄ではいきません。寸胴という大きな鍋に水を入れ、火にかけて温めますが、その温度も60度と決まっているのです。それより低くても高くても許されません。ぴったり60度でなければならないのです。もちろん、温度計で測らされます。それを確認してからでないと身体を拭かせてもらえないのです。

極めつけは、独特の排尿スタイル。Iさんのように、ベッドからトイレに歩いて移動することができない場合は、ベッドのそばにポータブルトイレを置き、そこで用を足してもらいます。ところが、Iさんはティッシュでこよりを作らせ、それを自分の陰部の尿道口に当てて、少しずつ尿瓶《しびん》にしたたらせるのです。

こういう排尿のしかたを導尿といい、排尿障害などでオシッコがうまく出せなくなったときに、カテーテルという細い管を尿道にさして行うことがあります。

でも、Iさんの場合は違います。大股を開いてヘルパーにそんなことをやらせる人は、後にも先にもIさんしか知りません。こういうやり方でないと排尿できないというのです。そして、自分はオシッコをちょびちょび出せるのだと自慢げに話していました。

とにかく苦情の多い人で、何か気に入らないことがあると、「厚生省（現・厚生労働省）にいうわよ」といって受話器を取り上げるのです。おそらく厚生省につながる電話番号を登録していたのだと思います。そういって私たちを脅すのです。いまでいうクレーマーですね。

そしてIさんの旦那さんは身長も高く、見るからにこわもてな人。何をされるかわからない恐怖心があり、余計にこわかった記憶があります。

当時、公務員ヘルパーは、高齢者を担当する人と障害者を担当する人に分かれていたのですが、介護保険制度が近々スタートするというので、統合されることになりました。そのため、いままで高齢者を担当していたヘルパーが障害者の訪問介護もするようになったのです。

一般的に高齢者に対する介護と障害者に対する介護では、ヘルパーの作業スピードが違う場合があります。障害者の介護を経験しているヘルパーは、作業をテキパキとしないと命に関わることもあるので、作業のスピードが速いのですが、高齢者の介護をしていたヘルパーはむしろゆっくりした動作になります。しかも、こだわりの強いIさんの身体介護は慣れること自体が大変です。

それが気の短いIさんには我慢できなかったのでしょう。新しいヘルパーが入り始めて3日め、怒り狂って、とうとう脳梗塞か心筋梗塞か、そういった病気を起こして亡くなってしまったのです。

もう20年以上前の話になりますが、いまでも強烈に記憶に残っています。当時はパワハラという言葉は一般的ではありませんでしたが、Iさんの行為は超弩級《ちょうどきゅう》のパワハラといっていいでしょう。

プライドが高いがゆえにパワハラをする建築家

Nさんは女性としては珍しい建築家で、研究開発のために海外に行くこともあったという人でした。それが多発性硬化症（MS）という病気になり、第一線から退くことになってしまったのです。

多発性硬化症というのは厚労省が指定する難病の1つで、脳や脊髄、視神経のあちこちに病巣ができ、さまざまな症状を引き起こすという病気です。

たとえば、顔や手足にしびれや痛みが起きたり、力が入りにくくなって歩行が困難になったり、ものが見えにくくなったり、排尿や排便に支障が出たりします。

また、多くの場合、症状が出る「再発」と症状が治まる「寛解《かんかい》」を繰り返します。発症の原因として自己免疫が関わっていると考えられていますが、はっきりとしたことはわかっていません。完治はむずかしく、進行を遅らせたり、症状をやわらげたりする治療が行われます。

ＮさんにとってＭＳの発症は、建築家としての道を断たれたことになり、無念だったに違いありません。そういった憤りもあったのだと思いますが、ヘルパーにパワハラをすることで有名でした。後から知ったのですが、彼女がパワハラをするようになったのは、あるヘルパーの言葉がきっかけでした。

プライドの高いＮさんに対して「動けなくなってかわいそうに」といった同情的な言葉をかけたヘルパーがいたのです。私たちヘルパーは、こうした言葉を使わないように教育されますが、なかには、悪気はなく、ついそんな言葉を発してしまう人がいるのも事実です。

人によっては、同情されるとバカにされたように感じる人もいます。Ｎさんもそんなひとりだったのだと思います。それ以来、どのヘルパーに対しても「あのとき、あのヘルパーからこんなことをいわれた」などと、ネチネチと小言をいい続けるのです。

こちらに落ち度があろうがなかろうが、そんなことは関係ありません。なにしろ頭のいい人ですから、ヘルパーを心理的に追い詰めるのはお手のものです。怒鳴ったりするわけではありませんが、こちらの言動の揚げ足を取って文句をいうのです。これには多くのヘルパーが頭を抱えました。

そんなある日、Nさんに「夜中に月下美人を見に来なさい」といわれました。月下美人というのは花の名前で、夕方から咲き始め、朝にはしぼんでしまうというサボテンの仲間です。Nさんの部屋にその月下美人の鉢植えがあったのですが、当然ながら、咲いているのを見たことはありません。

私は「それはヘルパーの仕事ではありません」と断りましたが、なかには夜中に花を見に出かけた人もいました。そうすると「〇〇さんは見に来てくれたのに、あなたは来てくれないのね」と文句をいいます。

Nさんは、その手の無理難題を投げかけてはヘルパーを困らせるのです。

当時はまだヘルパーとしての経験が浅く、Nさんのパワハラには神経がまいりました。いまだったら本人の気持ちの底にある孤独や不安、絶望を思い、もう少し上手に受け止めたり、かわしたりすることもできますが、新人ヘルパーだったらストレスで胃が痛くなるだろうと思います。

几帳面すぎる家族からのパワハラ

パワハラは利用者本人から受けるだけとはかぎりません。同居している家族から受けることもあります。

私が訪問していたOさんはリウマチで、娘さんと同居していました。しかし、娘さんにもリウマチの症状があり、指が曲がるなどして家事ができなかったため、ヘルパーが生活援助として自宅を訪問していたのです。介護保険では同居家族がいると「生活援助」が受けられませんがこの事例は特例です（注　平成21年12月25日、老振発一二二四第1号「同居家族等がいる場合における訪問介護サービス等の生活援助の取扱いについて」参照）。

リウマチは、関節の内面を覆っている滑膜《かつまく》に炎症を起こす病気で、関節の痛みやこわばりなどの症状があります。とくに手首や手指の関節に起こることが多く、ひどくなると関節の軟骨や骨が破壊されて指が曲がってしまい、日常生活にも支障が出てしまいます。

また、発症してから2年以内に急速に進行するといわれ、一度破壊された軟骨や骨を元通りにすることはできないので、早期診断・治療が重要だといわれています。

リウマチは体に痛みが続くため、痛みからイライラして怒鳴ったりすることがありますが、Oさんの場合は、娘さんのほうのパワハラがひどかったのです。

その娘さんは異常なほどのきれい好きで、台所にタオルが何枚もかけてあり、「こっちは食器用、あっちは鍋用、そっちはコップ用」と指示します。それはタオルだけの話ではありません。食器を洗うスポンジも何種類も用意され、「油ものはこれ、そうじゃないものはこれ」と事細かに決まっているのです。まな板も、野菜用、肉類用とそろえてあり、熱湯消毒もしなくてはいけません。

洗濯するにしても、洗うものを分別したり、お湯を使わないといけなかったりします。Oさんに薬を飲ませるときも、コップに注ぐ水の量まで決められています。

そうした決まり事を間違えようものなら、「そんなこともできないのか」「親の顔が見たい」「いったいどんな教育を受けてきたんだ」などと怒鳴り散らすのです。

しかし、私たちヘルパーには黙って小言を聞いている余裕はありません。生活援助には45分という制限時間があるのです。怒鳴られようが、脅されようが時間内にやるべきことをやらなければなりません。

担当になりたての頃は、細かい決まり事を覚えることに時間がかかり、覚えるまでは「ごめんなさい。メモを見ながらやりますから」と謝ってばかりいました。

それでも「手が遅い」「どうして覚えていないんだ」などといわれ、冷や汗をかく思いでした。Oさん宅にいる間は緊張しっぱなしなので、作業が終わるとドッと疲れます。

リウマチの人がみな、怒りっぽいというわけではなく、Oさんの娘さんが特別だといえますが、こうしたパワハラはヘルパーの心身を消耗させ、やる気を失わせてしまいます。実際、ヘルパーを辞めてしまう人もいるのです。パワハラについても社会的に問題視し、少しでも被害を減らすことが切実な願いです。

「中腰で作業しろ」と命令する元ヘルパー

パワハラをする利用者というのは、自分の価値観ややり方にこだわりの強い人が多いように思います。利用者の価値観に合わせるのは介護の基本ですが、自分のやり方と少しでも違うと、「そうじゃない」といって怒鳴るのが特徴です。

私が生活援助で訪問しているLさんも、そんな利用者のひとりです。彼女自身、以前、ヘルパーをしていたという人で、最初は私たちの仕事に理解があると期待していました。しかし、実際に訪問してみると、自分のやり方をヘルパーに強要し、それができないと怒鳴り散らすのです。Lさんのこだわりは「ヘルパーはいつも中腰でいなければならない」というものです。

Lさんは病気で身体が不自由なのですが、ベッドからゆっくり起き上がって歩くことはできたので、身体介護ではなく、掃除や洗濯などの生活援助に入っていました。

初めての訪問のとき、Lさんが寝ているベッドのそばに行き、しゃがんで話を聞こうとしたら「何、座ってるの。いつも中腰じゃなきゃダメじゃない」と怒鳴られたのです。彼女によれば、利用者と話をするときは、いつも中腰で、すぐに動けるようにしなければならないというのです。自分がヘルパーをしているときは、いつもそうしていたといいます。それはLさんのやり方でした。

しかし、その場でLさんに反論してもしかたがないと諦めました。

それ以来、Lさん宅を訪問するときは、中腰で話すようにしています。中腰の姿勢はつらいものがありますが、それほど立ち止まって話すこともないので、筋トレだと思って我慢して対応しています。

調理した料理をひっくり返す男性

利用者のなかには、もともとの性格なのか、身体が不自由になった自分にいらだっているのか、些細なことで怒る人がいます。

たとえば、調理をするとき、本人から食べたいものを聞いて作るのですが、「リクエストしたものと違うだろう」と文句をいったり、一口食べた瞬間、「なんだ、まずい。こんなもの、食えるか」といって、わざとしょうゆをかけたり、ソースをダバダバッとかけたりするのです。

なかには、作った料理をひっくり返す人もいます。そんなときは本当に落ち込みます。しかし、もう一度、作り直す時間はありませんから、「何か食べるものはありますか？」と聞いて冷蔵庫のなかをのぞき、すぐに食べられそうなものがあれば、それを用意します。

そして、「すみませんでした」と謝るのです。本当に料理がまずかったのなら、しかたがありませんが、嫌がらせに近い場合もあり、ストレスが溜まります。

ヘルパー仲間からは謝るのは逆効果で、「どこが気に入らなかったか」を具体的に聞いたほうがいいとアドバイスをもらったりします。

一度、そういうことがあると、それがプレッシャーになり、訪問するのが憂鬱になります。それでもセクハラと違って「怒鳴るのをやめてください」とはなかなかいえないですし、パワハラを理由に訪問を中止することもできないのが現状です。

事業所に相談すると、サ責が同行したり、注意しますが、なかなか改まらないこともあり、解決策が見いだせないのがパワハラのやっかいなところだと思います。

ヘルパーを拒絶して杖を振り回す元大学教授

パワハラをする利用者には、社会的に高い地位にいた人も少なからずいます。有名大学の教授だった80代のDさんもそんなひとりでした。

Dさんは階段から落ちて頭を打ち、一時は自分の名前もいえないくらい脳に損傷を受けたのですが、劇的に回復し、自宅に戻ってきたのです。ひとりでは家事ができないということで生活援助に入りましたが、私たちが近づこうものなら、「うるさい」「そばに近寄るな」と怒鳴り、杖を振り回し、バンバンとテーブルや床に打ちつけて威嚇《いかく》するのです。ヘルパーが「先生、先生」といって気持ちを落ち着かせようとしても、どうにもなりません。

幸いなことに身体介護ではなく、掃除と食事の支度だったので、距離を置いて仕事をするようにしていました。

それでも「まずい」といって料理をひっくり返したり、お茶を出しても「こんなぬるいもの、飲めるか」といってバッとお茶を引っかけられたり、散々だったのです。

杖があれば、何とかひとりで出歩くこともできたのですが、バランスを取るのがむずかしく、子どもを避けようとして転んで圧迫骨折したこともありました。

また、これは私ではなく、他のヘルパーが体験したことです。買い物の付き添いをしたとき、階段から転んでケガをしたのです。ヘルパーがそばにいたのですが、例の調子で「そばに寄るな」と拒絶され、身体を支えることができなかったと肩を落としていました。それなのに、「ケガをしたのはヘルパーのせいだ」といってヘルパーを非難するのです。

その言動は、若者に学問を説く学者の姿とはほど遠いもので、別な機会にも、よく威張り散らしたりして、自分以外の人間を見下していました。

買い物の介助でスーパーに行ったときのことです。買い物をしている間、立っているのがつらかったのでしょう。スーパーの店員に「椅子を持ってこい」と命令したのです。お願いするのではなく、「サッサと持ってこい」と怒鳴るのですから、スーパーの店員さんも驚いたと思います。

誰の目から見ても、ひとりの人間として傲慢そのものという感じでした。

母親を自分で介護したい娘からのパワハラ

親を介護する子どものなかには「自分が介護しなくては」と過剰に思い込んでいる人がいます。そういう人はヘルパーに対しても、あれこれ指図します。ヘルパーが訪問しているときは任せられればいいのですが、ご本人との信頼関係を作れないのです。

私が入浴介助に入っていた利用者のUさんは90代半ばで、70代の娘さんが自宅で介護していました。ヘルパーがやることに口を出し、気に入らないとすぐに怒鳴りつけるのです。

入浴介助の前に用を足してもらう必要があるのですが、ほとんど寝たきりのお母さんをトイレまで連れていくのです。ベッドの脇にポータブルトイレを置いて、そこで用を足してもらえばお母さんも楽なのですが、「母はイヤだといっている」と聞く耳を持ちません。

仕方なく、娘さんと私とでお母さんを支えてトイレに連れていくのですが、娘さんは体格がよく、2人でトイレ介助するのは至難の業です。それでも私に任せることはせず、トイレのなかまで入ろうとします。そして、お母さんのお尻が少しでも便座からずれていると「何、やってるの」といって怒鳴りつけます。

私が娘さんのいうことに「はいはい」と返事をしたときには、「はいは、1度でいい」と怒鳴られました。

一事が万事、そんな感じです。しかも、私のやる作業の手順に対して「じゃあ、次は？」と、まるで先生が生徒に詰問するように聞いてくるのです。ヘルパーがしどろもどろになって、うまくいえないと、「いくらいってもわからないのね」と怒鳴ります。怒鳴られて緊張しているのがお母さんにも伝わり、まったく笑顔がありません。娘さんが理不尽に怒鳴るのもわかっているのか、もう諦めているのか、何もいわないのです。

トイレ介助が終わると入浴介助に入りますが、入浴のやり方も娘さんの段取り通りにやらないと怒鳴られます。何をやっても気に入らないので、怒鳴られっぱなしです。

ときには「あんたみたいなヘルパーはダメだから、別のヘルパーに代えて」といわれることもあります。私も代われるものなら代わりたいです。しかし、人材不足ですぐにはスケジュールの調整はできません。

日頃の介護負担のはけ口をヘルパーに向けるのは困りますが、穏やかにお母さんが入浴される様子を見ていただくことで、関係性が少しでも改善できればと思っています。

親の介護を放棄する子ども

親の介護に関わりすぎる家族がいる一方で、まるっきり関わらない家族もいます。それは介護放棄、つまりネグレクトです。よく子どもの養育を放棄することをネグレクトといいますが、親の介護をまったくしない場合もネグレクトといいます。

私が訪問しているなかにも、そうした家族がいます。ヘルパーが週に数回しか訪問できないのに、ポータブルトイレの汚物をまったく処理していなかったり、食事も菓子パンばかりを食べさせたりするのです。

ポータブルトイレの汚物を処理するのは、必然的にヘルパーの役目になりますが、何日分かの量が溜まっているので、処理するのも大変です。トイレに流すのですが、昔のような汲み取り式ではありませんから、トイレに投げ入れた瞬間に汚物が私のほうに飛んでくることがあるのです。顔についてしまったり、エプロンにうっかりついてしまうこともあります。

過ぎてしまえば笑い話になりますが、時間勝負の訪問なので、そのときは必死です。汚物を処理して、自分の顔を洗ったり、エプロンの汚物をぬぐったり、慌てると余計な仕事が発生してしまいます。

こういう場合、利用者は自分の扱いについて家族に苦情をいうことができません。かといって、ヘルパーが家族に注意することもできませんから、あまりにひどい場合にはサ責に報告し、そこからケアマネージャー（介護保険制度に基づいてケアプランを作成したり、事業者との調整をしたりする専門職）に話がいって対応することになります。

ネグレクトだと命に関わることもありますから、特別養護老人ホーム（以下、特養）などに避難する手続きが取られることもあります。特養は入居希望者が多く、順番待ちだったりしますが、家族からの虐待がある場合は、緊急事態として一時的に利用できるシステムがあるのです。

ネグレクトをする家庭というのは、経済的に困窮《こんきゅう》していることが多く、精神的にも余裕がありません。お金がないので、親をデイサービスに行かせることもしないし、介護する気力もないので、結果的にネグレクトをしてしまうのです。これは親に対するパワハラだといえます。

一時期、親が亡くなっているのに役所に報告せず、年金をもらい続けていたという事件が続きましたが、そういう家庭はヘルパーを頼むこともしていなかったのでしょう。それで事件の発覚が遅れたのだと思います。

ヘルパーの訪問は、定期的に行われるため、介護疲れや虐待の兆候を掴みやすいのです。地域包括支援センターなどと連携して、ヘルパーがあえて入るようにしている場合もあります。

利用者の生い立ちがわかると、気持ちが楽になることも

理不尽に怒鳴られるとストレスが溜まる一方ですが、その人がなぜ、怒鳴るのか、その理由や背景がわかると精神的に楽になることもあります。

80代の女性で、ヘルパーがモタモタしていると「違う！ 何回いったらわかるの」「クビ」などと怒鳴る利用者がいました。要支援の人で、掃除や洗濯などの生活援助に入っていたのですが、初対面のときから怒鳴られたのです。

少し前まで自分で何でもできた人がヘルパーの手を借りるようになると、自分の身体の衰えをイヤでも自覚させられ、そのことがいらだちを生むことがあります。

そういうとき、私は「この人、どうしてこんなに怒るのだろう？」と考えます。そう思いながら付き合っていると、あるときポロッと自分の生い立ちなどを話してくれるこ

とがあるのです。この女性の場合は、子どもの頃、家が貧しく、子守をしながら学校に通い、苦労して先生になったということでした。

その話を聞き、合点がいったのです。おそらく逆境に打ち勝って勉強を続けてきた人だから、モタモタ仕事をしている人を見ると我慢できないのだろうと。そう思うと、怒鳴られてもあまり気にならなくなりました。

よく「苦しい思いをした人は、他人に優しくなれる」といいますが、実際にはそういう人ばかりではありません。世の中には、自分が感じた痛みを他人にも味わわせてやりたいと思う人もいるのです。

ヘルパーをしていると、いろいろな人がいることがわかります。夫と妻、親と子の関係もさまざまで、仕事をしながら、とても豊かな人生経験をさせてもらっている気がします。

そういうヘルパーの仕事は、私にはとてもおもしろく、魅力のある仕事だと感じています。若いヘルパーさんにもそう思ってもらえるといいなと思います。

自宅に入らせてくれない認知症のドクター

要介護者が認知症の場合、本人に介護保険を利用しているという自覚がまったくなく、困ることがあります。

もとは大学病院の高名な外科医だったという80代の男性は、初めて自宅を訪問したとき、ドア越しに「ヘルパーなんて、頼んだ覚えはない」「おまえなんか、出ていけ」とすごい剣幕でした。この方の場合、別居している子どもが親の様子を見て生活援助が必要だと判断し、ヘルパーを派遣することになったのです。

しかし、ヘルパーが自宅に入れなくては何もできません。家族に連絡し、訪問するときは裏口のドアを開けてもらい、掃除や洗濯、調理などをしていました。その間、本人は自室に閉じこもったままです。料理を作った後、「ご飯を置いていきますね」と声をかけて退去しますが、返ってくるのは「うるさい」「さっさと帰れ」という怒号だけです。

こうして数カ月が過ぎた頃、私が仕事をしているときに本人が顔を出すようになりました。ヘルパーが来るのに慣れてきたのでしょう。こちらも「こんにちは」と声がけをしますが、ほとんど無言です。それでも怒鳴られないだけましというものです。

認知症になると自分のいる場所や時間がわからなくなる不安から、周囲への警戒心が強くなり、この人のように拒絶反応を示すこともあります。それでもヘルパーが危害を加える人ではないと徐々に伝わっていけば、関わり方が変わることもあるのです。

ヘルパーには、急がずに相手と気長に付き合っていく根気強さが必要だということでしょう。

見栄を張って無理難題をいう元社長

パワハラをする利用者のなかには、カッとして怒鳴る人もいますが、明らかにヘルパーをいじめようとして無理な要望を出したり、ネチネチと説教じみたことをいったりする人がいます。

もとはお金持ちだった元社長の80代の男性は、今は生活保護基準ぎりぎりの生活をしています。それでも使っている食器などは海外のブランドもので、ヘルパーに「どこのメーカーのものかわかるか？」と聞いてくるのです。

答えられないでいると、「そんなことも知らないのか」とバカにしたようにいいます。

また、介護保険のしくみをよく知っていて、わざとヘルパーを困らせるようなことを頼んできます。

たとえば、買い物に行く場所は自宅から近いお店と決まっていますが、わざと「新宿の伊勢丹で買ってこい」とか「三越まで行ってこい」などというのです。「それは制度上、できない規則なんです」と断ると、「どうしてダメなんだ?」と怒り出します。

「どうしても、というなら自費になります」というと、「介護保険料を払っているのに、できないっていうのか」と反論するのです。それが延々と続き、1時間近く聞き続けることになります。

法律に詳しく、理路整然とした話し方をする人でした。

私が少しでも言葉を返すと、「なんだ、文句があるのか」と怒り、火に油を注ぐ感じになってしまいます。

話を遮《さえぎ》って掃除などを始めようものなら、烈火の如く怒り出すので、説教を聞くのが仕事のような感じでした。自分の鬱憤《うっぷん》を晴らす相手として、ヘルパーは適任だったのでしょう。まさしくパワハラの典型のような人でしたが、半年過ぎた頃には威嚇する相手ではないと納得されたご様子。しかしながら制度への文句は続いています。「文句をいうなら国にいえ！」という感じです。

第三章 在宅で直面するてんやわんやの出来事

目の前の食べ物を認識できない認知症のお年寄り

認知症になると、物忘れや判断・理解能力の低下、集中力の低下、やる気の喪失などが現れますが、進行すると目の前の食べ物を認識できず、手をつけなくなることがあります。それを「失認《しつにん》」といいます。

たとえば、黄色いスポンジとカステラが目の前に置かれていたとします。認知機能が良好であれば、食べられるものと食べられないものをきちんと区別することができます。ところが、認知機能が衰えると、そうした判断能力が衰えてしまうのです。そのため、スポンジを口に入れてしまうこともあります。

そういう場合は、「カステラですよ。召し上がってください」と声をかけます。食事を用意したときにも、料理一品一品について「これはカボチャです」「これはお味噌汁ですよ」と料理名をいって、食べ物だということを思い出してもらうのです。

介護保険がスタートする20年以上前は、介護する時間も十分にあったので、利用者の方の向かいの席に座って同じように料理を食べることもありました。これを私流に「鏡食い」と呼んでいたのですが、鏡に映っているかのように同じ動作をしてもらうのです。

当時はヘルパーが一緒に食べることも認められていたので、同じ料理を少量、用意して「次は、お味噌汁、飲みましょう」といいながら、目の前の利用者に促していました。そうすると、私の真似をして食べてくれるのです。

いまは一緒に食べることを禁じられています。本当は料理を全部、食べてくれるまで見守っていたいのですが、そんな時間はありません。テーブルに出したものを「ご飯ですから、召し上がってくださいね」と声がけして退出します。本当に食べられるかどうか、後ろ髪を引かれる思いで後にすることも多いのです。

また「失行《しっこう》」といって食べ方がわからなくなる場合もあります。箸を持ち、ご飯茶碗を手に持って口に運ぶといった一連の動作を忘れてしまうのです。

たとえば、デザートのプリンをスプーンでなく、箸で食べようとしたり、絵柄のついたお皿の柄の部分を箸でつついたりします。絵柄を食べ物だと思って食べようとするのです。そういう場合は、ご家族に「柄のない白いお皿を使ってくださいね」とアドバイスします。そうすれば、食べ物だけに意識が集中できます。

深いお皿もNGです。お皿の奥のほうまで視線がいかないからです。浅めのお皿に盛りつけたほうが目に留まりやすくなります。

認知症は日や時間によって症状に差がありますから、食べ物だと認識して食べてくれることもあれば、食べずにそのままになっていることもあります。ひとり暮らしの場合、命にも関わってきますから、そういう状態が続くときにはサ責やケアマネジャーに相談します。

そうすると、生活援助だけでなく身体介護サービスも利用可能なプランに変更することができ、食事介助ができるようになります。

ヘルパーにとっては、こうした見守りも大切な仕事ですが、現行の制度では生活援助の時間を45分に短縮され、ゆっくり利用者の状態を見極めることもできません。コミュニケーションの時間も取れない現状では、利用者の暮らしを支える役割は果たせず、忸《じく》怩《じ》たる思いでいます。

自宅に入れてくれない元英語の教師

認知症の利用者のなかには、ヘルパーを不審者と思い、なかなか自宅に入れてくれない方がいます。元英語の先生だった80代後半のAさんもそんなひとりでした。

ドアの前で「先生、ヘルパーの藤原です」と声をかけても、返事がありません。しばらくして「今日は何曜日？」と英語で聞かれたので、「マンデイ」と答えると、「じゃあ、1週間を英語でいってみて」というのです。「マンデイ、チューズデイ、ウエンズデイ、……」と続けます。すると「発音がダメね。こうよ」と手本を見せ、「はい、いってみて」といわれ、英語で1週間を2度繰り返し、ようやくドアを開けてもらうのです。

こうしたAさんとのやりとりは、ほのぼのとして楽しいものですが、この時点ですでに5分が経過しています。残り40分で買い物と調理をしなければなりません。Aさんに希望のメニューと品物を聞いて、いざ、出発。と思いきや、またもやAさんが「どこに行くの？」と聞いてきます。同じ会話を繰り返し、「じゃあ、買い物に行ってきますね」と答えながら、次なる作戦としてAさんの好きな曲のCDをかけます。

最近、リモコンの操作ができなくなっていたAさんは、久しぶりの音楽にうっとり。そのスキに出かけようと思ったら、今度はチャイムが鳴り、宅配便のお兄さんがやってきました。急いでいるときにかぎって、こういうことが起こるのが生活なのです。

小包を受け取ると、Aさんが音楽に気を取られているうちに家を出て、脱兎《だつと》の如く、スーパーに走ります。

家に戻り、レシートをノートに貼り付け、記録を書いていると、Aさんがやってきて話しかけてきます。相手をしている時間はないので、「そうですか」「よかったですね〜」などと生返事をして大急ぎで調理をし、テーブルに並べます。できれば、料理の出来具合を聞きたいところですが、次の訪問先に行かなければなりません。まるでスーパーマンのように超高速で仕事をし、「シー・ユー・アゲイン」といって自宅を後にするのです。

こんなとき、認知症専門医の高瀬義昌先生（大田区・たかせクリニック理事）の言葉を思い出します。それは、認知症の予防に大切なことは「薬は2、ケアが8」というものです。時間に余裕があった時代には、そうしたケアができましたが、生活援助が45分に短縮されて以降、できない状況にあります。さらに今は配食のお弁当の利用が広がって、そもそも調理をするケアプランが減っています。

プロのヘルパーとして残念な思いを抱いているのは、私だけではないでしょう。それはまた、ヘルパーの仕事のやりがいをも奪っているのです。

双子の姉妹の自宅で英語のレッスン

認知症になると、いま話したことや数日前の出来事を忘れたりしますが、数十年前のことはよく覚えています。

私が訪問していた双子の姉妹は、2人とも認知症でしたが、ひとりは音楽の先生で、もうひとりは大学で英語を教えていた教授でした。前述したAさんと同じように、英語の先生をしていたことは覚えているので、当然のように英語で話しかけてきます。

ドアの前で訪問した目的を英語で「仕事をしに来ました」というと、発音が違うと拒絶され、なかに入れてくれません。私がworkをwalkと発音していたせいでした。これだと「歩きに来た」になってしまいます。

何度か言い直して、やっとドアを開けてもらうのです。部屋に入ると、新聞が山のように積んであります。日本語の新聞もあれば、英字新聞もあります。2人とも認知症が進んでいるので、読んでいる様子はないのですが、新聞の勧誘の人にいわれるままにサインをしてしまうのだと思います。

台所に行くと、配食サービスで使った器がきれいに洗われて並べてあります。捨てるタイプの器ですが、捨てずにとってあるのです。それが台所を占拠しています。

どうして捨てないのか、その理由はだいぶ時間が経ってからわかりました。そのお宅は大きな建物で、戦争中に軍の司令部として使われていたことがあったのです。そこに駐留する軍人が食事をするためには器が必要になります。そのことを思い出して器をとっておいたのです。

私が「たくさんあるから捨てましょう」といっても、「軍人さんが食べる器だから捨てられない」といって決して捨てさせませんでした。そういう昔の記憶ははっきりしているのです。

それでも家中が新聞や器だらけなので、ホコリは溜まるわ、ネズミは出るわで、大変でした。あるとき、通帳がなくなり、新聞の山のなかを探したことがあります。そういう重要なものはヘルパーが勝手に探すことはできないので、サ責に相談し、ケアマネジャーから近隣に住んでいる親戚の方に連絡し、立ち会ってもらうことになって、一緒に探しました。すると、新聞の山の隙間から出てきたのです。これがないと現金を引き出せないので、ホッとしました。

グランドピアノが2台もあるような大きなお屋敷でしたが、新聞と使い捨ての器があふれ、ヘルパーが片付けをしても、新たに新聞や器が溜まっていきます。それでも片付けないよりはましです。

介護保険を利用していない高齢者のお宅は、片付ける人もおらず、簡単にゴミ屋敷と化してしまう理由がわかります。

訪問の途中で出会った迷子のお年寄り

どういうわけか、私はよく迷子のお年寄りに出会います。

その日も訪問先に向かう途中で「家がわからなくなった」という80代とおぼしき女性に遭遇しました。そこは都営住宅が建ち並んだ場所で、どこも同じ造りです。少し歩いて探してみましたが、行き当たりません。

真夏の日差しがぎらぎらと照らし、気温も30度を超えています。このまま歩き回るのは熱中症になる危険もあると判断し、「お巡りさん、呼んでもいいですか?」と断り、110番に電話しました。すると、「事件ですか? 事故ですか?」という緊迫した声。「お年寄りが迷子になってしまって……」と事情を話すと、穏やかな声色になり、「最寄りの派出所から警察官を向かわせます」とのこと。

自販機で買ったお茶を手渡し、団地の入り口の階段に腰掛けて待っていると、自転車でお巡りさんがやってきました。その顔を見るなり、彼女が「あんた、3度目だね」と声をかけるではありませんか。お巡りさんも「またお会いしましたね」といいます。

バッグのなかに入っていた健康保険証で住所がわかり、パトカーが呼ばれました。待っている間、「ヘルパーさんに来てもらっていますか?」と尋ねると、「来てもらっているといいます。さらに詳しく聞くと、私の知り合いのヘルパーがいる事業所だったので、そちらに電話してみると「ああ、○○さんね」とすぐに話が通じました。

夫婦2人暮らしで、ご主人のほうが訪問介護サービスを利用しているのですが、ヘルパーが訪問した後に、奥さんが外に出て迷子になることが多いのだそうです。おそらくヘルパーの訪問が刺激となって「買い物に行かなくちゃ」とスイッチが入るのでしょう。「パトカーに乗って帰るなんて、恥ずかしい」といいながら、車内に乗り込むのを見届けて、次の訪問先に向かいます。

その道すがら、２００７年に認知症の老人が電車にはねられて死亡し、その遺族がJR東海から約７２０万円の損害賠償を請求されたという事件を思い出していました。

一審判決で遺族への支払いが命じられたのを機に、「責任をすべて家族に押しつけるのはおかしい」という世論の高まりがあり、二審では請求額の半額の支払いを命じる判決が出ます。それに対して、遺族が最高裁に訴え、家族への支払い義務を否定する逆転判決が確定したのです。

この最高裁の判決に、胸をなで下ろした人も多かったのではないでしょうか。認知症になると、ひとりで外に出て迷子になってしまう高齢者が多くいます。いくら同居していても、24時間、片時も目を離さずに見守ることは不可能です。家族にすべての責任を負わせることは理不尽なことといえるでしょう。

とはいえ、家族の状態や介護実態によっては責任が生じる可能性もあります。そうした状況から民間の認知症保険には、認知症の人が第三者に損害を与えた際にお金が支払われる損害補償型のものも登場しています。

自治体でも支援する取り組みを始めたところがあり、岐阜県本巣市では、認知症の人が起こした事故に備えた保険の加入費用を肩代わりするサービスを開始。認知症で単独外出する人を被保険者とし、上限1億円の賠償責任保険に市が保険契約者として加入するというものです。

また、同市では、行方不明になるおそれのある高齢者等の安全を確保するために「見守りシール」の交付も行っています。シールにはQRコードが印刷され、衣類や持ち物、靴などに貼り付けます。迷子になった高齢者を発見したときは、QRコードを読み取り、発見場所や現在の居場所などを送信すると、家族に連絡が入るようになっています。

こうした取り組みが全国に広がれば、介護する家族の負担も少しは軽減されるのではないでしょうか。

近づく台風のなか、娘のために買い物に出かけた90代の母親

台風が近づいたある日のことです。60代の車いすの娘さんの訪問介護に行くと、ドアが開いています。どうしたのかと居間のほうをのぞくと、車いすに座った娘さんが「お母さんが外に出て行ったの。すぐに探して」と叫んでいます。

「今日は生協が来る日だから、買い物には行かなくていいって、何度もいったのに」

私に説明しながらも、動けない自分にイライラしている様子。彼女の母親は認知症です。私もあわてて傘を差して外に飛び出しました。おそらく食材を買いにスーパーに向かったのでしょう。

すると、予想通り、歩行器にカゴを載せて歩く腰の曲がったお母さんの姿がありました。ゆっくりそばに寄り、「〇〇さん」と声をかけると「あら」と笑顔を見せ、「台風が来ているから、何か買おうと思って」と説明します。

生協が来るから大丈夫だと話しても、納得してくれません。一緒に店内を回り、ブドウを一房、カゴに入れると、ホッとしたようにレジに向かいます。認知症の人はペースを乱されると混乱してしまいますから、時間がなくてもせかしてはいけないのです。

スーパーから自宅まで、お母さんの足だと15分はかかります。時間を気にしつつ、雨で足を滑らせないよう気をつけながら帰宅しました。娘さんも母親の顔を見てホッとした様子です。

科学的な根拠があるのかどうかわかりませんが、認知症の人は気圧の変化に敏感な気がします。このお母さんも、台風が近づいて気圧が変化したせいで、「何かしなくては」と気持ちが急いだのではないかと思います。ずっと障害のある娘さんの面倒を見てきたので、自分が動かなくてはと思ったのでしょう。

自宅に戻ると、大急ぎで娘さんのトイレ介助をしました。本来は娘さんの身体介護で訪問したのですが、お母さんの捜索で時間切れ。「あとは、お母さん、よろしくお願いします」といって次の訪問先に向かいました。

もともと看護師だったという90代のお母さんは、そのことが自慢で、60年以上も前に発行された看護師の証明書をよく見せてくれたものです。戦前、従軍看護師として満州にいたことがあると話してくれたこともあります。

ところが、あるとき、大事な証明書を紛失してしまったのです。気の毒なくらい落胆したお母さんでしたが、私が「記念に」とスマートフォンで写真を撮っていたことを思い出し、後日、コピーして持っていったら大喜び。そのときは私も本当によかったと思いました。

私は娘さんの身体介護を担当していましたが、認知症のお母さんにも生活援助としてヘルパーが来ていました。娘さんとお母さん、両方の訪問介護をいくつかの事業所が協力して実施していたのです。当然のことながら、連絡事項がうまく伝わらないこともあります。できるなら1カ所の事業所で訪問介護をしたいところですが、ヘルパー不足もあり、事業所間で協力しながら綱渡り的にやっているというのが現状なのです。

娘とケンカして錯乱してしまった80代の母親

私がヘルパーとして働いている事業所にSOSが入ったのは、ある年のお正月明けのことでした。50代の娘さんと大ゲンカをした後、80代のお母さんがもともと住んでいた自分の家に戻ってしまい、錯乱状態に陥っているというのです。24時間の見守りが必要とのことでした。

事情を聞いてみると、娘さんの家族と同居を始めたばかりでしたが、孫の受験と重なり、そのことで娘さんとケンカになったそうです。何が原因かはわかりませんが、娘さんにとって母親はとても厳しい人だったようで、子どもの頃からの因縁もあるようでした。

娘さんは「母親はレビー小体型認知症で、幻視を見ているようだ」と話します。確かに、私がお母さんの自宅に駆けつけると「何かが見える。あそこに何かがいて、私を監視している」と訴えます。

私は夜勤担当だったのですが、夜中にお母さんに「いまから戦うからね」といわれ、ゴルフクラブを持たされたときは、ポカーンとしてしまいました。

「あなたね、ウソだと思っているんでしょう。これから命がけで戦うのよ。ほら、来たでしょ？　あの黒いの、動いて見えるでしょ？」

もちろん、私には何も見えませんが、「はい、わかりました。やりますから。大丈夫ですからね」と答え、お互いに背中合わせになって暗闇に目を凝らします。そうやって明け方まで過ごすのです。

この症状は夜中にひどくなるようで、昼間に担当しているヘルパーの話では落ち着いているようです。娘さんはレビー小体型認知症だというのですが、お母さんの話を聞いていると記憶ははっきりしているし、話し方も理路整然としています。ただ、幻視・幻覚が見えているだけのようです。私たちヘルパーの経験からすると、レビー小体型認知症ではなく、統合失調症のような症状でした。

しかし、そんなことを娘さんに話すわけにはいきません。できるだけお母さんの訴えを聞き、気持ちが落ち着くように対応していきました。すると、少しずつ冷静さを取り戻し、幻視・幻覚の症状もおさまってきたのです。

こうして2週間が過ぎていきました。その間、娘さんが母親を説得し、有料老人ホームに入居することに決定。このような緊急の対応は自費になりますが、24時間の見守りで穏やかになられ、安心して送り出すことができました。

背広を着て出かけ、地下鉄で保護された男性

認知症と診断され、要介護1となった80代の男性宅に行くと、妻のYさんが青ざめた表情で「この暑いなか、水もお金も持たずに出かけてしまった」と訴えます。詳しく話

を聞くと、朝食も摂らずに「振り返ったら、いなくなっていた」とのこと。背広を着ていたそうなので、会社に行くつもりで出ていったのかもしれません。

事業所に連絡すると「夏休みでぎりぎりの体制だから、人は出せない」といいます。利用者が行方不明になった場合、ヘルパーが訪問しても本人がいなければキャンセル扱いになります。私も次の訪問予定があるため、探しに行くこともできません。

「行方不明になっていることを警察などにも知らせましょう。大丈夫、きっと見つかりますよ」と声をかけ、地域包括支援センター（高齢者の暮らしをサポートする拠点として自治体などにより設置されている機関）と警察、民生委員や町内会長にも連絡しました。ちょうど数日前に同じ服を着た写真を撮っていたので、インターネットでも情報を流します。

その日は担当のケアマネージャーが不在だったので、日常的に訪問しているヘルパーが顔を出しては、Yさんに何か口にするよう声をかけ続けました。深夜には民生委員や町内会長なども訪問してくれましたが、その日はどこからも連絡はありませんでした。

行方がわかったのは翌朝のことです。地下鉄で同じ区間を行ったり来たりしていたところを保護されました。本人によると「電車に乗ったら、どこで下りていいかわからなくなった」とのこと。切符も買わず、人の後について自動改札をすり抜けたようです。電車のなかは冷房が効いているので、熱中症になることもなく発見されたのは不幸中の幸いでした。

こうした行方不明事件はよく起こります。今回のように電車のなかで見つかったり、公園にいるところを発見されたりします。気候のいい時期ならあまり心配ありませんが、寒い時期だと凍死する危険もあります。とはいえ、24時間、監視するわけにもいかず、悩ましい問題といえるでしょう。

認知症の高齢者が外を出歩くことを、一般的に「徘徊《はいかい》」といいますが、最近では「ひとり歩き」などと言い換える自治体が増えています。私自身は「散歩」「出歩き」「お出かけ」などと表現しています。

こうした背景には、認知症に対する誤解や偏見につながるおそれがあることや、本人や家族の気持ちに配慮してということもあります。

徘徊というと、同じところをグルグル歩き回っているイメージがありますが、本人にはそれなりの理由があるのです。「ぼけ」や「痴呆《ちほう》」というういい方が「認知症」に変わったように、徘徊という言葉も変わっていくのではないでしょうか。

また、2018年9月に公明党が総合的な認知症施策が必要として「認知症施策推進基本法案」の骨子案をまとめています。その特徴として、認知症の人が地域社会の一員として尊重されることを基本理念に、保健医療や介護などのサービスにも「常に認知症の人の立場で」と明記したことが挙げられます。

これに対し、元厚生労働省老健局長で岡山大学客員教授・宮島俊彦さんが提案した「認知症の人基本法」では、「認知症の人」を主語に基本的人権や意思決定を尊重し、地域でともに暮らすことや差別・偏見の除去を基本理念に盛り込んでいます。

この本を書いている間に「認知症施策推進大綱」が閣議決定されるというニュースも飛び込んで来ました。

今後、認知症基本法などがどのように位置づけられていくのか、注視したいと思います。

12畳のリビングが水浸し!?

ヘルパーの仕事をしていると、とんでもない事態に遭遇することがあります。

「こんにちは」とドアを開け、12畳のリビングに入ろうとしたら、その部屋がプールのように水浸しになっていたことがあるのです。奥のほうにあるベッドには、軽度の認知症のある90代の女性が趣味の絵画の道具を抱えて呆然と座っています。

「どうしたんですか？」と聞くと、「洗濯をしようと思って、昨日の夜、タイマーをかけたんだけど、朝起きたら、こんなことになっちゃって」といいます。どうも洗濯機の排水パイプがはずれてしまったようです。

取るものもとりあえず、水道の蛇口を閉め、さて、どうしたものかと思案しましたが、そのお宅はゴミ屋敷状態で段ボールが何枚も置いてあったので、それで水を吸わせることにしました。山のように溜まっていた古着やタオル、新聞紙も使い、水をどんどん吸わせていきます。

そうやって水と格闘すること45分。ようやく水がなくなり、ついでに段ボールや古着なども処分することができたのです。本来は入浴介助の日だったのですが、そんなことをしている時間はありません。入浴は次回にしてもらい、その日の訪問を終えました。そのお宅はマンションの上階だったので、階下に水漏れしないか心配でしたが、しっかりした構造だったようで、何の苦情も来ることがなく、一件落着。

いま思い返しても、よく45分で後片づけができたものだと思います。火事場の馬鹿力とはこういうことをいうのでしょう。

お正月料理や大掃除はNG?

80代のQさんは年末になると「お正月料理を作りたいね」といいます。長年、家事をしてきた女性だったら、誰しもそう思うことでしょう。

ところが、私たちヘルパーには、お正月や節句などの季節の行事食を作ってはいけないという決まりがあるのです(注 平成12年11月16日、老振第76号「指定訪問介護事業所の事業運営の取扱等について」参照)。おそらく時間がかかるからでしょう。

それでもQさんにとっては、年に1度の大事な行事です。日々の単調な生活に季節の彩りが加わるのは、精神的な喜びにもつながります。何とか実現させてあげたいと、料理を1度に作るのではなく、訪問の時間中にちょこちょこできるものを作ろうと思い立ち、相談しました。

そこで考えたのが田作り。「生協の宅配を利用しているけど、ひとり暮らしには量が多いのよね」というQさんですが、田作りならたくさん作っても保存食になります。これなら簡単に作れるだろうと思ったのですが、Qさんに作り方を尋ねると、ごまめを20分もから煎りしないといけないとのこと。あちゃーっと思いましたが、楽しみにしているQさんの期待を裏切るわけにはいきません。

私が掃除をしている間、Qさんには椅子に座ってもらい、から煎りを担当してもらいました。そして、しょうゆとみりん、砂糖で味付けして出来上がり。Qさんも満足そうで、私もうれしくなりました。

また、年末には大掃除をしますが、これもまたヘルパーがやってはいけないことのひとつです。それでもQさんの気持ちを考えると、田作りと同じように、少しずつ取り組むことにしました。いまは強力な洗剤もありますから、換気扇なども取り外して洗剤につけておけば、きれいになります。

ある年のお正月間近のことです。別のヘルパーさんに同じように大掃除を頼むと、「それは掃除の専門業者に頼んでください」といわれたそうです。しかたなく業者に頼んだところ、「2万円も取られちゃった」と、後日、訪問したときに嘆かれました。確かに、換気扇とガス台はきれいになっていましたが、年金暮らしのQさんにとっては大きな出費といえます。

「介護のある普通の暮らし」こそ、高齢者の人権保障につながるはずですが、現在の介護保険制度ではそうなってはおらず、歯がゆい思いをしています。

命に関わる寒い時期のヒートショック

寒い時期、暖かい部屋からトイレに行くとき、思わず寒さにブルッと震えることがあります。高齢者の場合、血圧や脈拍が大きく変動し、心臓や血管に大きな負担がかかります。その結果、心筋梗塞や脳梗塞などを引き起こすことがあるのです。これをヒートショックといい、私たちヘルパーがもっともおそれることでもあります。

東京都健康長寿医療センター研究所によると、2011年の1年間で約1万7000

人もの人がヒートショックにより死亡したと推定され、その死亡者数は交通事故による死亡者数の約4倍にもなります。

一般的に暖かい部屋と暖房のない浴室やトイレとの温度差は、10度あるいは15度くらいだといわれていますが、実際に私たちが訪問する家庭では20度以上の差があると思われます。そういう気温差のなかでトイレ介助や入浴介助、オムツ交換や着がえなどをしなければならず、冬になるとヒヤヒヤします。

真冬のある日、私が訪問したのは、脳梗塞の後遺症で身体が不自由な80代前半の女性の自宅で、入浴介助のためでした。軽い認知症のある夫との2人暮らしですが、脱衣所に温風器などの暖房設備がありません。旦那さんに「温風器っていうものがあるんですよ」と説明したところ、ドライヤーを脱衣所の角にひっかける工夫をしてくれました。

しかし、ドライヤーの温風では脱衣所全体は暖まらず、また、水を使う場所なので、危険でもあります。それでも、旦那さんの好意を無にはできません。市販の温風器がどんなものか、説明してもうまく伝わらないのです。それに金銭的な問題もあります。買ったほうがいいとはいえません。

経済的に余裕のある家庭だと、トイレや脱衣所にパネルヒーターや温風器などを置いていますが、私が訪問する先にはそうした設備が整っていない家が多くあります。

そういう場合、どうするかというと、浴室の扉を開けたままにし、シャワーを使って浴室の壁にお湯を少し当てます。浴槽のフタも開けっ放しにします。それだけでも脱衣所が暖かくなるのです。

私が頭を抱えたのは、100歳を超えた女性の入浴介助です。古い造りの家で脱衣所がありませんでした。しかも、浴室までは長い廊下を歩かなければなりません。しかたがないので、暖かい部屋で裸になってもらい、その上に何枚もの羽織ものを重ねて浴室に向かいます。

それでも、「これから寒いところに出ますよ」と声がけをすると、身体が寒さに対して防御反応を示すのか、あまり寒暖差を感じずにすむようです。さらに、声がけだけでなく、本人にも「これから寒いところに行く」と言葉に出してもらいます。そうすると、身体が寒さに対抗するモードにチェンジするのです。

そもそも日本の住宅は寒すぎます。欧米の家は断熱性が高く、セントラルヒーティングで家全体を暖めるため、日本のようにトイレや脱衣所との気温差が大きいということがありません。断熱性を高めれば、夏場は外の熱が室内に入り込むのを防ぎ、冬場は室内の熱が外に逃げるのを防ぐことができます。

この断熱性能に関して、日本には基準がありませんでした。規定はあっても義務ではなく、目安にすぎなかったのです。ようやく2020年に一定の基準が設けられるようですが、それでも欧米の1988年の基準以下の低い性能値になっています。

新築住宅の断熱義務基準が欧米並みになれば、省エネ化も進み、ヒートショックで亡くなる高齢者も少なくなると思うのですが、日本はまだ緒《しょ》についたばかり。当分はヒートショックに気をつけなければならない訪問介護が続きそうです。

ゴミ屋敷になるのには理由がある

テレビでゴミ屋敷の問題が取り上げられると「なんて、だらしないんだろう」と非難したくなる方もいらっしゃることでしょう。高齢者の場合、その多くはゴミを溜めたくて溜めているのではありません。結果的にゴミ屋敷になってしまうのです。

私が出会う高齢者のゴミ屋敷の原因はいろいろあります。最近はゴミを何種類にも分別しなくてはならず、それを覚えられないという人もいれば、ゴミの収集場所が遠くて持っていけないとか、収集場所まで行くのに砂利道だったりすると、こわくて歩けないという人もいます。ゴミ袋1個を持っていくのさえ、やっとなのに、それが2個、3個と増えていくと、もう持っていく気力はなくなります。

本人はゴミを出したいのです。でも、出せない。そのジレンマのなかで、次第にゴミが溜まり始め、しかたなくお風呂場に置いたりします。こうしてお風呂場がゴミ置き場に変身してしまうのです。

なかには、大事なものだから捨てられないという人もいます。そういう人は、ゴミに埋もれて生活しています。認知症のある人だと、同じものを何個も買ってしまい、使い切れずに溜まっていくということもあります。多いのはトイレットペーパー、ティッシュペーパー、植物油、洗剤など。そういったものが台所やお風呂場を占領していたりするのです。

私がいまでも鮮明に覚えている利用者に、元新聞記者の80代の男性がいます。初めての訪問の日、部屋に入ると、天井からスーパーのポリ袋がたくさんぶら下がっています。「何ですか、これ?」と聞くと、「ネズミが食うから、みんな、つり下げた」との返事。つまり、ゴミの袋だったのです。これには驚きましたが、本人はいたってまじめです。

また、職業柄、新聞に囲まれていないと落ち着かないのか、部屋中、新聞の山がうずたかく積まれています。紐で縛ってあるならまだしも、折りたたんで積んであるだけ。いつ崩れるかとハラハラしながら、仕事をしていました。

あるとき、「そこに椅子があるから座って」といわれ、新聞の山のなかから椅子を引っ張り出したこともあります。また、大事なものがなくなったといわれ、新聞の山のなかを探したこともありました。運よく出てきましたが、そういうこともあるので、無造作に捨てることもできないのです。

基本的に、ヘルパーは大掃除をしてはいけないことになっているので、小さなゴミは捨てても、大量のゴミはどうすることもできません。ただ、そのままにもしておけないので、事業所に相談して行政に取り次いでもらうこともあります。

そういったときでも、本人の了解は取ります。問答無用でゴミを処分することは極力、避けます。そうしないと、信頼関係が築けなくなってしまうからです。

新聞の報道によると、高齢者などの「ゴミ出し困難世帯」は全国的に増えているようで、東京23区や横浜市、名古屋市、大阪市など一部の自治体では、高齢者や障害者の自宅まで自治体職員などが普通ゴミの回収に行く支援を行っています。2016年度では計約5万3000世帯が利用し、この10年間で支援する自治体は1・6倍、利用世帯は4倍以上に増えています。

自治体のゴミ出し支援がない地域でも、ボランティアによる助け合いが生まれています。たとえば、ボランティア団体がチケットを発行し、それを購入した利用者のゴミ出しなどを代行したり、町内会でボランティアを募り、無料でゴミ出しなどの軽作業をしたりするところもあります。

最近では自宅前にゴミを出す個別収集を行う自治体も増えていますが、今後、高齢者世帯が増えることを考えると、ゴミの問題は避けて通れません。

行政やボランティア団体、住民などの手を借り、自宅での生活が続けられるしくみをどう作っていくか、考えていく必要があると思います。

ヘルパーを困らせる議論好きな利用者

訪問する高齢者のなかには、わざとヘルパーに議論を吹っかけてくる人がいます。若い頃、雑誌記者をやっていたという80代の女性は、介護保険制度の改正がある度に「あなた、どう思う？」と聞いてきます。私はそういう話は嫌いではないので、意見をいうこともありますが、あまり関心のないヘルパーだと返答に困ってしまいます。

黙っていると「あなたたちの仕事に直結しているのに、どうして知らないの？」とか「もっと勉強しなさい」などと説教してくるのです。

私たちの仕事に対しても、「手順書にはこう書いてあるでしょ」と作業の段取りを指摘したり、「おたくの事業所はおかしいわね」と批判的な意見をいったりします。ふたことめには「私は介護保険料を払っているんだから」と、上から目線でものをいうのです。

相手をしている時間がないので、だいたいは「そうですか。わかりました」といって聞き流すことになります。

また、公務員だった80代の男性は法律に詳しく、「ぼくは介護保険制度を熟知しているけれども、この法律はすごく不自由だ。監獄法と一緒だ」といわれたことがあります。監獄法がどんな内容なのか、私にはわかりませんが、介護保険制度がいかに窮屈なものかは知っています。

しかし、ヘルパーに文句をいわれても困ります。「批判するなら、国に対していってほしい」と思いましたが、口に出していえる相手がどうかは関係次第です。

2人ともひとり暮らしでしたが、話し相手がいなくて淋しかったのでしょう。ヘルパーとは1対1の関係になるので、話しやすいのだと思いますが、私たちにとっては時間ばかりとられてしまい、対応しづらい利用者だといえます。生活は政治に直結しているのにおかしな話です。

ヘルパーが直面する自宅での孤独死

ヘルパーをしていると、訪問先で利用者が孤独死しているのに遭遇することがあります。過去にお風呂場で亡くなっていた人が5人、コタツに入ったまま亡くなっていた人がひとりいます。そういう場合は、すぐに事業所と警察に連絡し、私も事情聴取されます。

水死の場合、ウトウトしてしまったか、あるいは滑って浴槽に潜り込んでしまったかのいずれかが原因だと思われます。浴槽はよく滑りますからね。とくに細長い形の浴槽は危険です。浴室に手すりがついていれば、事故も少なくなるのでしょうが、お金のかかることでもあり、手すりのない家庭も少なくありません。

孤独死されたなかでも、とくに印象に残っているのが「超」のつくくらい頑固だった80代のご老人。亡くなる前日に「お風呂場に手すりや滑り止めのマットがあるといいですね」と話していたばかりだったのです。

なにしろ頑固な人でうまく人間関係が作れなかったのですが、ようやく普通に話ができるようになったと思ったら、突然、亡くなってしまい、とてもショックでした。もっと早くに人間関係を作れていたら、手すりや滑り止めマットのことを話せたのにと、残念でなりません。

亡くなることを予感していたのか、「もし、ぼくが死んだら、これ、よろしく」と渡されたのが「頑固一徹即日居士」という戒名。地方に暮らしている娘さんがいたのですが、私のことを信頼してくれたのでしょう。

基本的にヘルパーは利用者が施設に入所したり、亡くなったりすると、それ以降の付き合いはなくなるのですが、このときばかりは事業所のほうも考慮してくれ、ご家族に戒名を渡しに伺いました。

また、別の水死した90代の女性は、お風呂のフタを浴槽の半分まで伸ばし、そこに手をついて起き上がるのだと話していました。フタがずれたり折れたりしてしまうおそれもあり、「ヘルパーが入浴介助や見守りをすることもできますよ」と提案していたのですが、その矢先に亡くなってしまい、後悔の念が強く残っています。

ヘルパーの仕事の1つに入浴介助や見守りがありますが、他人に裸を見せるということに抵抗感を持つ人が多く、足元がおぼつかなくても自力で入浴する人が多いのです。高齢者にとって、入浴は危険と隣り合わせだといってもいいでしょう。

第四章　ペット全盛時代の訪問介護はむずかしい

ペットの扱いに困るヘルパーが急増中

少子高齢化が進むなか、ペットを家族同様に慈しみ、ともに暮らす人たちが増えています。そのなかには、ペットが心の支えだというひとり暮らしの高齢者も少なくありません。ペットの世話をすることは生活にリズムができ、犬や猫を抱いたり、なでたりすることで精神的な安定を得られるというメリットがあります。

しかし、その一方で、突然、病気になったり、身体が不自由になったりしてペットの世話ができなくなるというリスクもあるのです。

私自身、ペットのいる家庭を訪問することがありますが、身体が思うように動かず、犬や猫の面倒を十分に見ることができなくなっている高齢者が増えているのを実感します。しかし、現行の介護保険制度では、ヘルパーにペットの世話が認められていないため、扱いに困ることもあります。

実際、川崎市にある「かしまだ地域包括支援センター」で、地域のケアマネージャー120人にアンケートを実施したところ、回答をした59人のうち7割を超す43人が「ペットのことで困った経験がある」と答えています。

自由回答でもっとも多かったのが「ペットの安全が確保できない」（27％）で、具体例として「利用者が犬に刺身やビールを与えてしまい、ペット虐待ではないかと思うことがあった」「利用者が認知症で、散歩をしたことを忘れ、日に何度も散歩をするので、犬のほうがまいってしまった」「入院した独居の方の家に訪問した際、猫が家のなかで死んでいた」「入院後、在宅困難となり、ペットを保健所に頼んだ」などが挙げられています。

次いで多かったのが「サービス提供者（ケアマネージャーやヘルパーなど）の不利益」（20％）で、具体例として「犬や猫に噛まれたり、オシッコをかけられたりした」「利用者の入院中にペットを預かってくれるところを調整したが、ケアマネージャーが料金を請求された」「ペットの世話ができないから、やってくれと頼まれた」などが挙げられています。

さらに、「本人の不利益」（17％）として「飼い犬が心配で、家を留守にできず、閉じこもりがち」「ペットにお金をかけ、自分の介護サービスにお金をかけられない」「ペットと一緒に入居できる施設が遠方にあり、家族や地域と離れることになってしまった」「ペットの世話を理由に入院を拒み、病状が悪化した」などが挙げられています。

このアンケート結果から得た教訓として、「介護の必要な高齢者がペットを飼っていたら、いざというとき、どうするのかを聞いておくこと」「ペットを飼う責任を自覚してもらうこと」などが必要だと指摘しています。

こうした高齢者とペットの問題にいち早く気づき、さまざまな取り組みをしている団体に「かわさき高齢者とペットの問題研究会」があります。

同研究会では、高齢者がペットと暮らすための方策について、アドバイスやセミナー、講習会を開催し、啓発活動を行っています。また、「残されるペットのためにあなたができること」というリーフレットを作成。ペットを飼えなくなったときに、ペットを委託できる家族や知人などの名前を記入する欄を設け、無自覚にペットを飼うことがないよう注意喚起しています。

前述した通り、現行の介護保険制度ではヘルパーはペットの世話はできませんが、2018年に厚労省が介護保険と保険外サービスを組み合わせる「混合介護」の指針を公表。全額自己負担の保険外サービスを利用すれば、ヘルパーによるペットの世話も可能となります。

この指針を受け、東京都豊島区では２０１８年８月から「選択的介護」という名称で混合介護のモデル事業を開始。保険外サービスとして、同居家族分の家事、ペットの世話、庭掃除、買い物や趣味の同行などが提供されています。これまでにペットの世話を依頼されたケースもあるようですが、自己負担ができない低所得者世帯の対応など、課題は残されています（第七章で詳しく紹介）。

高齢者とペットの問題について、実際に私が直面したケースや「かわさき高齢者とペットの問題研究会」が関わったケースなどを紹介したいと思います。

毛玉だらけの犬の正体はシェルティだった！

全身性エリテマトーデスで闘病中のＳ子さん。彼女のそばにいつも寄り添っていたのが、シェットランドシープドッグ（愛称・シェルティ）のマリリンでした。小型のコリー犬といえば、想像できるでしょうか。とてもかわいく、賢い犬です。

全身性エリテマトーデスは膠原病の一種で、難病指定されています。発熱や全身倦怠感のほか、関節や皮膚、腎臓、肺、中枢神経などにさまざまな症状を呈します。皮膚の症状として犬に噛まれたような赤い発疹ができるのが特徴で、人によって症状が大きく異なります。薬によって健常者と変わらない生活ができる人もいれば、S子さんのように寝たきりに近い状態の人もいます。

S子さんが発症したのは30代で、私が訪問するようになったのは50代のときです。この病気は妊娠すると病状が悪化するといわれ、実際に子どもを出産した後、症状が重くなったそうです。そんなS子さんに15年前、夫がプレゼントしたのがマリリンだったのです。その夫は単身赴任でS子さんの面倒を見ることができません。高校生になる息子も、S子さんの部屋には近づかないという淋しい境遇でした。

そんなS子さんが、心の支えにしていたのがマリリンだったのです。賢いマリリンはまるで介護犬のようにS子さんの手足となり、新聞やタオルをくわえて持ってきたりしていました。私たちヘルパーはS子さんのオムツ交換のために訪問していたのですが、マリリンは吠えることもなく、尻尾を振って愛嬌を振りまいてくれるのです。

ただ、誰もマリリンの面倒を見てくれる人がおらず、シャンプーもブラッシングもしてもらっていませんでした。そのため、あちこちに毛玉ができ、自宅を訪問すると、S子さんがすまなそうに「ブラッシング、お願いしてもいいかしら？」と頼んでくるのです。

本来、ペットの世話はヘルパーの仕事ではありません。しかし、とても「犬の世話はできません」とはいえませんでした。ほんの数分、マリリンの毛をブラッシングしますが、スムーズにブラッシングできず、苦労しました。長毛犬なので、きちんとケアされていれば、きれいな毛並みなのに、と胸が痛みます。

その後、Sさんは、病状が悪化して亡くなってしまいましたが、マリリンも後を追うように亡くなりました。飼い主がいなくなったら、生きていけませんからね。飼い主思いの忠犬ハチ公のような犬だったと思います。

室内飼いには不釣り合いな犬に戦々恐々

私は自他ともに認める大の動物好き。事業所の上司から「犬のいる家に行ってくれる人、いませんか?」と聞かれたときも、「犬、大好きですから、私が行きます」と自ら、立候補しました。まさか、それが恐怖と後悔の始まりだとも知らずに。

訪問先は身体障害のある70代のR子さん宅で、先輩ヘルパーから「入室時には首にタオルを二重に巻くこと」という注意を受けていました。どういうことだろうと不思議に思っていましたが、その理由は訪問してすぐに判明。チャイムを鳴らした先に待っていたのは、猟犬として知られるドーベルマンだったからです。

8歳になるドーベルマンの名前はテツといい、これまでに担当したヘルパーによれば、毎回の訪問はまさに命がけだったとのこと。後悔先に立たず、とはこのことです。とはいえ、いまさら担当を代えてもらうことはできません。

壁に背中をつけておそるおそる前進しながら、「テツくん、ママのところに来たヘルパーよ」と声をかけますが、テツは歯をむき出して吠え続け、いまにも飛びかからんばかり。全身に恐怖が走り、真夏のように汗が噴き出します。ドーベルマンを間近に見るのは初めてでしたが、飛びつかれたら145センチしかない私の身体など、簡単に引き倒されそうなほどの大型犬です。

私に向かって吠えること5分。ようやく気がすんだのか、R子さんのベッドの足元で丸くなりました。ホッと胸をなでおろして台所に向かい、調理の支度をします。ガス台の前には調味料の小瓶が山のようにあり、フライパンを使おうとしたとたんに小瓶がガラガラと音を立てて崩れました。

その音に反応してテツがガバッと起き上がり、今度は後ろから吠えてきます。振り返って「テツくん、音を出しちゃってごめんなさい。驚かせてしまったわね」と謝り、吠えるのを止めるまで待ちました。

何とか落ち着いたところを見計らって、ササッと調理をし、R子さんに「肉じゃが、味見してくれませんか？」と尋ねると、テツも鼻をフンフンいわせます。お皿を持ってR子さんに近づくと、すごみのあるウーッという低いうなり声。「テツくんにも味見してもらおうかなあ」とホンの冗談のつもりでいうと、R子さんも「それはいいわね」と笑顔になります。自分の口から出た言葉を飲み込みたくなりました。

相手は猟犬です。おっかなびっくり、お皿を床に置きました。テツが顔を近づけ、大きな舌でひとなめすると、なんと、私の足に前足を乗せてきたのです。それを見たR子さんが、うれしそうに「合格よ」と笑い、「テツをなでてあげて」といいます。

内心、「いや、いいです」とつぶやきながら、頭をなでると、おとなしくしています。

思わず、「やった！」と心の中でガッツポーズ。それ以来、何とかテツとの距離も縮まり、吠えられるのにも慣れていきました。

ある日のこと、何気なくベランダの戸を開けると、そこには山のようなウンチがあるではありませんか。テツは室内飼いで散歩をさせていなかったので、そこにウンチをしていたようです。見てしまった以上、そのままにはしておけません。シャベルでガーッとウンチをはがし、水道の水でジャーッと流しました。

R子さんは要介護5で自由に歩くことはできません。電動車いすで外に出ることはあっても、ベランダの掃除はできなかったのです。ペットの排泄物の処理は、ヘルパーの仕事ではありませんが、衛生上、そのままにはしておけなかったのです。

R子さんの場合、ヘルパーだけでなく、大型犬も扱えるペットシッターが必要だと痛感させられたことを覚えています。

とんでもないところに保管してあった動物の亡骸

都内のあるアパートに、動物園状態の訪問先があります。そこは帯状疱疹の痛みで動けなくなった80代の女性の自宅で、犬や猫はもちろん、サル、鳥、カメ、トカゲ、フェレット、モルモットなどの動物が飼われています。ゴミ屋敷ならぬ、動物屋敷で、室内に入ると動物臭が鼻につきます。

本人によると、動物好きで、元動物愛護協会の理事長をやっていたのを知られているため、飼えなくなった動物が玄関先に捨てられてしまうのだそうです。自分で買った動物は1匹もいないとのことでした。そうやって動物が増えてしまったのです。

ある日、私がアパートのドアを開けると、「ヘルパーさん、待っていたのよ。冷凍庫を開けてちょうだい」といいます。冷蔵庫まで歩くのもやっとの状態だったので、「何か冷たいものでも食べたくなったのかな」と思いつつ、冷凍庫を開けて、びっくり。そこに横たわっていたのは、冷凍になったインコの死骸だったのです。

「悪いんだけど、アパートの庭に埋めてくれないかしら？」

彼女の言葉にイヤとはいえず、カチンコチンになったインコを手に持ち、土の中に埋めました。行政に連絡すれば、死骸を引き取ってくれるとは思いますが、80代の彼女にしてみたら、動物は土に還すものという思いが強かったのでしょう。

私にとっては驚きの体験でしたが、仲間のヘルパーに聞くと珍しいことではないようです。なかには、猫の死骸が冷蔵庫に入っていたという人もいました。そのヘルパーが猫の死骸をどう処理したのかは聞きそびれてしまいましたが、高齢者がペットを飼っていると、そういうこともあるのです。

ヘルパーにとっては想定外のことですが、ありうることとして心しておきたいと思います。

ひょんなことから犬を保護することに

認知症の80代の女性の訪問介護をしていたときのことです。認知症が進むと、そこにあるものが認識できなくなったりしますが、この女性にもその傾向があり、飼い犬のシーズー犬がそばにいるのに「モンちゃんがいなくなった」といって外に探しに出かけたりします。

私が「モンちゃん、ここにいますよ」といっても、わからないのです。探しに外に出てしまうと、今度は彼女自身が迷子になることもあります。そんなことが何度か繰り返されたため、ご家族とも相談し、施設に入所することになりました。

飼い犬のことはとても大事にしていたので、できれば、モンちゃんと一緒にいられる施設に入所してほしかったのですが、なかなか見つからず、結局、ペット不可の施設に入所することに決まったのです。

そこで問題になるのがモンちゃんの引き受け先です。息子さんがいましたが、ペット不可のマンションに住んでいるため、引き取ってもらうことはできません。どうしようと悩んでいるうちにも入所の期限が迫ってきます。このままでは保健所に連れていくしかなくなります。

「じゃあ、とりあえず、私が引き取ることにする」

こうして、私がモンちゃんを一時的に預かることになったのです。もともと動物好きですから、朝晩の散歩も苦にはなりませんでした。ただ、ヘルパーの仕事は不規則ですから、16時間ぐらい家を留守にすることもあります。モンちゃんは散歩のときしかオシッコをしない子だったので、そのことだけが心配でした。

散歩するときは、自然に触れさせたほうがいいだろうと草むらのなかを歩かせたりしたのですが、それが原因で目に傷がついてしまったことがあります。シーズー犬は鼻が低く、目が飛び出ている風貌なので、雑草が目に刺さってしまったのでしょう。動物病院に連れていくと、治療費が2万円以上もかかり、こちらの目が飛び出しそうになりました。もちろん、施設に入所した女性に請求することはできません。泣く泣く自腹を切りました。

モンちゃんは散歩が大好きで、1回につき30分から1時間は歩きます。そのおかげで、私は2キロも減量でき、犬を飼うとダイエットができると確信しました。これはうれしい発見でした。モンちゃんが室内でトイレができる犬だったら、ずっと飼うこともできたのですが、16時間も留守をするようでは、そうもいきません。

ちょうどヘルパー仲間の小学生の子どもが「犬を飼いたい」というので、私が預かってから2カ月後にそのお宅に引き取られました。運良く、里親が見つかって助かりましたが、高齢者がペットを飼うことのリスクを痛感させられた出来事でした。

＊　＊　＊

これから紹介するケースは、動物愛護ボランティア団体「かわさき高齢者とペットの問題研究会」が関わったものです。

同研究会の正式な発足は2016年4月。そもそもは「動物の福祉」をテーマにした勉強会としてスタートしました。しかし、定例会を継続するなかで、高齢者とペットの問題に直面。実際にボランティアとして関わるなかで、動物愛護団体、地域包括支援センター、行政の3者が協力して取り組むことの重要性を痛感し、現在、川崎市内にモデル地区を設定。さまざまな事例を収集し、問題点をリストアップすることで、高齢者とペットのあり方に関する指針を作成したいと活動に取り組んでいます。

また、高齢者自身やその家族、介護従事者（訪問介護、訪問看護、通所介護、ショートステイ、有料老人ホーム、特養、グループホームなど、介護業界で働くすべての労働者のこと）などにペットとの関わりについて知ってもらおうと、勉強会やセミナーなども開催しています。

私が同研究会の存在を知ったのは新聞記事からです。私自身、訪問先で利用者のペットの扱いに苦慮することもあり、お話を伺いに行きました。同研究会では、ボランティアが行政や福祉関係者、介護従事者などと連携を取り、ペットの世話やアドバイス等を行いながら、動物の福祉に目を向けた活動をされています。

同研究会との出会いで勉強になったことの1つに、「訪問先でペットを手なずけようとしてはいけない」ということが挙げられます。私は動物好きなこともあって、ペットと仲よくなったほうがいいのではないかと思っていましたが、かえってペットがじゃれつき、仕事がしづらくなるということでした。

今後、介護保険と保険外サービスを組み合わせる「混合介護」が広く行われるようになると、ヘルパーがペットの世話をすることも多くなります。その際、動物の扱いに関する知識がないと、ペットに噛まれたり、逃げられるといったリスクもあると感じています。

そういう意味で「かわさき高齢者とペットの問題研究会」の取り組みは、私たちヘルパーにとって非常に心強いものだと思います。こうした活動が全国的に広がっていくことを願いつつ、同研究会が関わったケースを紹介したいと思います。

自宅に取り残された3匹の猫たち

70代の女性が飼っていた3匹の猫の存在を「かわさき高齢者とペットの問題研究会」が知ったのは、1本の電話からでした。息子さんから「ひとり暮らしをしている母が入院することになったが、余命いくばくもなく、ペットの対応に困っている」と連絡があったのです。

母親には金銭的な余裕がなく、不妊手術もしていなかったため、研究会が不妊手術を買って出るなど、サポートを開始。息子さんに猫を飼う意思はなく、週に2、3回、エサやりのために自宅を訪れていました。それでも「殺処分はしたくない。勝手に出ていってくれないかなあ」などと話します。

研究会から行政である衛生課に連絡し、一緒に対応することになりました。衛生課から動物愛護センターに連絡をしてもらったのですが、同センターは飼い主からの直接の依頼でないと引き取れないので、自分でもらい手を探すようにとのこと。息子さんは猫を飼ったことがなく、自分で探すなど不可能です。

研究会のボランティアが3匹とも預かることはむずかしいため、とりあえず、1歳のメスだけ預かり、譲渡先を探した結果、見つけることができました。5歳のオスはもともと出入り自由だったため、行方不明になっています。8歳のメスは目の障害もあり、譲渡先を見つけるのは困難だったため、1カ月限定ということで飼い主を探して世話をしてもらいました。元気になった後、期限ぎりぎりで里親が決定しましたが、「もし決まらなかったらどうしよう？」とずっと不安だったとボランティアは話しています。

実際問題として、高齢者が自ら動物愛護センターに相談を持ちかけることは考えられず、研究会のボランティアが保護しなければ、譲渡先を見つけるための写真撮影もできず、どんな性格なのかもわかりません。それでは里親を探すのもむずかしくなります。

今後は動物愛護センターから研究会が委託を受けてペットを預かる形にするなど、協力体制を作っていきたいと考えています。また、重い病気などに罹っている場合には、殺処分もやむなしと考えざるを得ないとしています。

モジャモジャの毛の塊の正体とは？

ヘルパーが訪問していた認知症の男性が飼っていたのは、ヨークシャーテリア（愛称・ヨーキー）とシュナウザーミックスの2匹でした。男性の認知症が進み、ひとり暮らしが不可能と判断されたため、施設に入所することが決定。そうなると、ペットの行き先がなくなります。

対応に困ったヘルパーがケアマネージャーに相談。そこから行政の衛生課、動物愛護センターへとつながり、研究会のボランティアが関わることになりました。その時点で、犬はまったく手入れされておらず、まるで大きな毛玉のようになっていました（写真1）。

ヨーキーは毛がもつれて足にからまり、歩行困難な状態でした。保護ボランティアが毛をカットし、シャンプーをすると、見違えるようにかわいくなったのです（写真2）。

シュナウザーミックスは一見、おとなしく問題がないように見受けられましたが、後に譲渡した先で高齢のお祖父様に攻撃的になることがわかりました。そのため、いったん引き取り、高齢者のいない家庭を探して、別の譲渡先に引き取られることになりました。

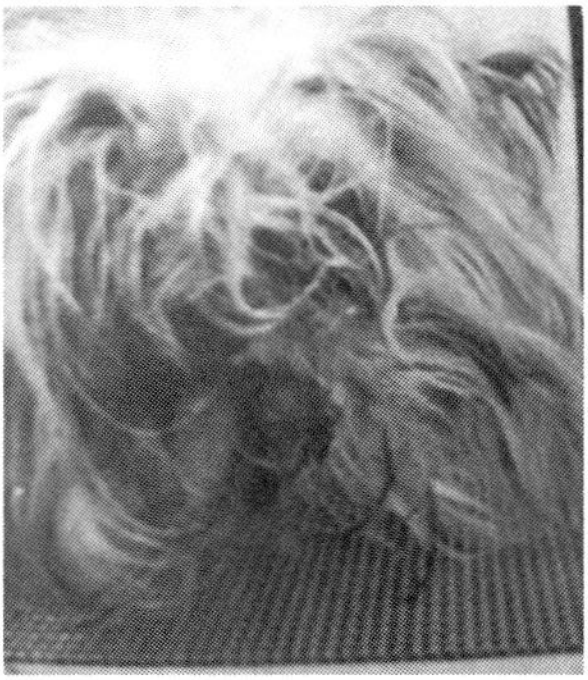

写真1　毛の塊にしか見えないヨークシャーテリア。

写真2　お手入れをすると、愛くるしい顔がお目見え。

提供：かわさき高齢者とペットの問題研究会（写真1、2とも）

ヨーキーのほうは、保護犬を先住犬として飼っている家庭に長めにトライアル（先住犬との相性を見るため、一時的に同居すること）し、問題がなかったため、正式に譲渡されることが決まりました。

どちらの譲渡先も、保護犬に対しての理解があり、犬の飼育経験も豊富なことから、2匹とも平穏で幸せな日々を送っています。

今後の課題として、ペットの問題が行政に認知され、保護に至るまでに時間がかかることが挙げられます。保護されたときの動物たちの状態が非常に悪く、心身ともにボロボロといった状態になっていることが少なくないのです。

こうした現状を回避するためには、地域包括ケアシステム（医師の往診や訪問介護、生活支援などを受けながら、住み慣れた地域のなかで最期まで暮らせるようにするシステム）のなかに犬猫ボランティアが関わり、早期に高齢者のペット問題に対応できるようにすることが重要となります。

そこで、研究会のメンバーが認知症サポーターの資格を取得し、こちらからも高齢者に歩み寄れる機会を持てるよう手立てを模索しているところです。

部屋のなかから猫が10匹以上!!

最近、多頭飼いで劣悪な環境にあるペットの問題が新聞などに取り上げられるようになっています。研究会が関わったなかにも、同様のケースがありました。公的な住居施設に住んでいた高齢の男性が猫を多頭飼育し、十分な世話ができない状態になっていたのです。

事態が明らかになったのは、施設管理者（行政）の担当部署から動物愛護センターに猫の処分を依頼する連絡があったためです。動物愛護センターの職員が「安易に命を処分するのではなく、解決策をボランティアと一緒に模索しては？」と提案。動物愛護センターから区の衛生課に対応案件として引き継がれ、その後、研究会に相談がありました。

施設管理者、衛生課の職員、ボランティアの3者が、男性の自宅に現状把握に行ったところ、狭い室内に猫が10匹以上、押し入れには生まれたばかりの子猫の死骸もありました。外に出る猫も数匹いて、近隣に迷惑をかけていることも懸念されます。

男性は家族と疎遠なためサポートは期待できず、近隣の保護団体のボランティアがフードを提供していたようですが、根本的な改善策はなされていませんでした。

話し合いの過程で、施設管理者も「いきなりの殺処分は不適切」だと理解し、現状を解決する対策を講じることに同意。まず、男性から猫の不妊手術の同意を取り、8匹を捕獲して7匹に不妊手術を施し、1匹は交通事故で腹膜炎を起こしていたため、別途手術を実施。7匹は手術後に男性に戻され、別途手術した1匹は治療後の管理が必要なため、男性に飼育放棄してもらい、ボランティアがケアすることになりました。この1匹に関しては、譲渡先を探し、引き取られています。手術費用は、かわさき犬猫愛護ボランティア川崎区委員会から提供されました。

今後の課題として、行政が介入する際には、縦割りではなく横断的な連携が重要だということと、行政外のボランティアが関わることが効果的であるとの共有理解が必要だということが挙げられます。また、早期解決のためには、高齢者と関わりの強い地域包括支援センターや高齢者担当部署などとも連携し、高齢者とペットの問題に取り組むことが重要だと思われます。

シニア世代がペットを飼うためには

ペットフード事業を中心とした85社で組織するペットフード協会によると、２０１８年度の全国のペットの推計飼育頭数は、犬８９０万３０００頭、猫９６４万９０００頭で猫のほうが多く、合計１８５５万２０００頭になります。

年代別での飼育状況を「20〜79歳」として見た場合、５年前と比べ、犬に関しては、どの年代も減少していますが、もっとも飼育率が低下しているのは50代でした。20〜60代でも飼育率は減少していますが、70代の飼育率はあまり変わっていません。また、猫に関しては、５年前と比べてほぼ横ばいで、猫ブームはいまも続いているようです。

70代のペットの飼育率が高いのは、現役を退いて時間的・金銭的な余裕があることや子どもが成長して独立したことなどが考えられます。心の穴を埋めるのにペットは最適なのでしょう。とくにひとり暮らしの高齢者にとっては、ペットが心の支えになると思われます。

ペットと暮らす約4000人を対象とした意識調査では、「今後、新たにペットを飼いたいですか？」という質問に対して、70代の人で「ぜひ、飼いたい」「できるなら飼いたい」を合わせると12・8%、60代の人では27・1%となっています（特定非営利活動団体法人 動物愛護社会化推進協会調べ・2015年）。

現在、各自治体の動物愛護センターや地域のボランティア団体が行っている譲渡会などでは、年齢制限を設けて高齢者のみの世帯にはペットを譲渡しないようになっています。これはペットの平均寿命が年々延び、猫15・33歳、犬14・19歳（2017年調査）となっていることから、60歳以上の高齢者では将来的に病気になったり、亡くなったりして飼育不能になる可能性があるという理由からです。

しかし、生体販売が主流の日本のペットショップでは、子猫や子犬などを店先に展示し、かわいらしさをアピールして衝動買いさせる傾向があり、終生飼育（ペットがその寿命を迎えるまで適切に飼育すること）の覚悟がないまま購入してしまう人もいます。

これまで書いてきた通り、介護現場では70代、80代の高齢者がペットを飼育できなくなる状況が増えています。ペットを飼う際には、自分の年齢を考えて子猫や子犬ではなく、成猫や成犬を飼うようにしたり、自分に何かあったときのために子どもや親戚などに飼育を託すことを遺言したり、ペットのための信託（家族や友人など信頼できる人を受託者として信託契約を結び、財産を専用口座に預け、飼い主に何かあった場合には新しい飼い主にお金を渡して世話をしてもらうこと）を利用するといったことなどを考えておきましょう。

また、ケガや病気で飼い主が一時的に入院しなければならないときもあります。その際にはペットホテルを利用したり、ペットシッターにお願いすることもできます。

ただし、その場合でも、突然、ペットホテルやペットシッターにお願いするのは、ペットにとってもストレスがかかることです。平常時に何度かペットホテルを利用するとか、ペットシッターにお願いするなど、事前の準備は必要かと思います。

最近はペットと一緒に入所できる介護施設も増えていますので、ひとり暮らしができなくなった場合に備えて調べておくことも大切です。

東京都が発行している冊子『ペットと暮らすシニア世代の方へ』には、ペットを飼う際の心構えや困ったときの解決方法などが記載されています。こういった冊子などを通じて、ペットを飼うことは「命を預かる」ことだという自覚と責任を持つことが大切だといえるでしょう。

第五章 介護をめぐる殺人事件

50代の男性に殺害された70代の女性ヘルパー

事件は2019年1月に大阪で起きました。51歳の男性に70歳の女性ヘルパーが殴られて死亡したのです。

男性の知人女性が自宅を訪れ、「女性が死んでいるようだ」と警察に通報。駆けつけた署員が見つけたのは、全裸になっている女性でした。男性は「女性はヘルパーで、殴り合いになった」と話し、傷害の疑いで逮捕されています。

この事件があったとき、ちょうど私も大阪にいたので、報道を見てびっくりしました。なぜ、全裸だったのか、性的暴行があったのか、報道ではよくわかりませんが、被疑者の男性に精神疾患の疑いがあったという指摘が気になります。

私もヘルパーとして精神障害のある利用者と関わったことがありますが、心に病のある人は、とてもナイーブです。自分の領域にずかずか入り込まれると、パニックを起こすことがあるのです。そういうときに、対応を間違えるとますます混乱して、相手に危害を加えることが稀にあります。

私は精神疾患の人のケアについて研修を受けたことがあるので、それなりの対応ができますが、いまはそういった研修に現場の人手不足から、なかなか参加できない状況です。しかも、報道によれば「精神疾患の疑い」とあるだけなので、医療機関できちんと診断されたわけではないようです。となると、事業所のほうでも精神疾患があるとは認識していなかった可能性もあります。

精神疾患があるとわかっていれば、それなりの対応もできたでしょうが、わかっていなければ、なぜ殴り合いのようになったかがわかりません。

私の経験でも、相手がパニックになると手に負えなくなります。

そういうときは、かえって相手の肩に手を置いたり、肩をゆっくり擦ったりして落ち着かせるほうが得策です。暴れている人に近寄るのは、子どもと一緒で、そのほうが相手が安心するからです。

また、精神疾患があるとわかっている場合は、保健師や精神保健福祉士などとの連携も大事です。保健師や精神保健福祉士には精神疾患に関する知識がありますから、どういう対応がいいのか、アドバイスしてもらえます。

この事件を見るかぎり、そうした連携は行われていなかったのではないでしょうか。

こうした事件を引き起こさないためにも、ヘルパーに対しての教育や保健所・医療機関などとの連携が必要不可欠だと思います。

80代の女性から首を絞められた20代の女性職員

この事件も2019年1月に起こったもので、愛知県のグループホームで入浴介助を受けていた83歳の女性が、22歳の女性職員が着ていたパーカーの紐を引っ張って首を絞めたという内容でした。女性職員は一時、意識を失い、のどに軽傷を負いましたが、命に別状はありませんでした。83歳の女性は現行犯逮捕されましたが、警察の取り調べに対して、「なんだか体調が悪かった」などと話しているそうです。

一般的に80代の女性というと、弱々しいイメージがありますが、体格のいい人は力もあります。何が原因で首を絞めたのかはわかりませんが、グループホームは認知症の人が入所する施設なので、この女性も認知症だったと思います。どの程度の認知症だったのかは不明ですが、認知症になると自分が何をされているのかわからず、混乱することがあります。特に裸になることに対し、不安感は強まります。

私の経験でも、入浴介助のとき、服を脱がせるのに苦労することがあります。どうして服を脱がせられるのか理解できないのです。そうすると、「何するの」と抵抗し、暴れたりします。ガンガン蹴飛ばされることもあります。

認知症の人に対応するときは、穏やかで落ち着いた環境がとても大切なのです。お風呂に入れることだけに神経が向かい、流れ作業のように対応すると不安感をあおることにもなります。もちろん、同じ認知症でも人によって症状はいろいろです。穏やかな人もいれば、カッとなりやすい人もいます。それは職員が見極めて対応する必要があります。

グループホームは9人で1ユニットになっていて、2、3ユニットある中規模のグループホームもありますが、定員が9人というところも多くあります。介護保険制度の基準では、3人の利用者にひとりの職員が割り当てられますが、グループホームは24時間対応なので、8時間勤務だとすると3倍の人員が必要です。

ところが、実際は9人に対してひとりの職員が対応しているのが現状なのです。

しかも、介護報酬が低く、多くの職員が低賃金という厳しい労働条件で働いています。とても精神的なゆとりを持って仕事をするのはむずかしいといえるでしょう。

現状では、職員に対する教育もおざなりになりがちです。認知症の人に対する対応など、研修を受けていない可能性があります。

こうした事件を防ぐためにも、グループホームや施設の人員配置の基準の見直しや職員に対しての処遇改善、研修などが必要だと声を大にしていいたいです。

介護する父親を殺してしまった50代の息子

2019年1月に福井県で起きた痛ましい事件です。父親の介護をしていた団体職員の57歳の息子が、84歳の父親の首をロープ状のもので絞殺したとして逮捕されました。息子が「父が冷たくなっている」と警察に通報。駆けつけた署員らが、ベッドで亡くなっている父親を発見したというものです。

取り調べに対して息子は「父の介護をしていたが、意思の疎通がうまくいかず、カッとなってやった。殺すつもりはなかった」と供述しています。報道によれば、息子は父親の着替えや食事などの介護をしていたようです。

息子は仕事をしながら介護をしていたわけで、ストレスもかなりあったのではないかと思います。ヘルパーによる訪問があったかどうかは報道では不明ですが、ヘルパーが訪問していたとしても、事件は起きていたかもしれません。ただ、多少のリスクは減った可能性があります。

とはいっても、現在の訪問介護は1回45分から1時間と決まっていますから、家族に介護の手を休めてもらうにしても外出できるほどの時間はないし、ヘルパーに介護について質問したくても、私たちには時間の余裕がなく、ゆっくり話をすることもできません。

報道だけでは、他に家族がいたのかどうかわかりませんが、息子が独身で父親との2人暮らしだとすると、ひとりで介護するのはかなり精神的に厳しかったのではないでしょうか。別の家族がいれば、協力し合うこともできますが、1対1の環境ですと、息が詰まってしまいます。

しかし、未婚者が増えている現在、親と子どもだけの世帯は今後も増えていくと思います。残念ながら、こうした介護殺人は増えこそすれ、減ることはないでしょう。

90代の夫婦が浴槽内で倒れて死亡

２０１９年１月のまだ寒い時期に東京都で起きた事故です。93歳の夫と90歳の妻が浴槽内で衣服を着けずに倒れていたのを60歳の息子が発見。１１９番通報しましたが、搬送先の病院で死亡が確認されました。妻は認知症で、ふだんから夫が介護しながら一緒に入浴していたということです。

息子によると、通常、１時間程度の入浴が、この日は2時間経っても出てこなかったため、様子を見に行ったところ、顔が湯に浸かった状態で倒れていたといいます。夫婦に目立った外傷はなく、警察では浴槽内で溺れた可能性があるとしています。

夫婦は息子との３人暮らしでした。

この事件を知って思ったのは、老老介護の危険性です。とくに、入浴中の死亡事故は増えており、交通事故より件数が多くなっています。報道からは介護保険制度のサービスを使っていたかどうか不明ですが、もしサービスを利用していたら、夫婦２人でお風呂に入ることはなかったと思います。ヘルパーが入浴介助をするか、あるいはデイサービスを利用して、認知症のある妻だけ施設で入浴させるのが一般的です。

ちなみに、2015年度に介護認定を受けた人は620万人で、このうち80歳以上で認定を受けた人は447万人、全体の72％に当たります。これは80歳以上の人口の約半数を占め、また、90歳以上の人口の約8割が認定を受けています。90歳の認知症の妻が介護認定を受けていないとすれば、そもそも介護保険制度について詳しく知らず、息子にも知識がなかったのかもしれません。

ヘルパーが関わっていれば、たとえ、夫婦で入浴していたとしても、息子に「入浴は滑ったり、転んだりして危険だから入浴介助が必要だ」とか「途中でお風呂から声がしなくなったら、様子を見に行ったほうがいい」などとアドバイスをしていたと思います。息子に高齢者の介護についての知識があれば、入浴後、2時間もの間、異常に気づかないということはなかったでしょう。

報道では息子が無職だったのか、仕事をしていたのかわかりませんが、親のために介護離職している可能性もあります。入浴介助以外のことはやっていたのかもしれません。

いずれにしても、夫婦で一緒にお風呂に入るなんて、よほど仲がよかったのでしょう。お互いに愛し、愛されていたということかもしれません。

＊　＊　＊

今後ますます高齢者世帯が増えることを考えると、こうした事故や事件は後を絶たないように思います。介護保険制度を利用する側にとっても、提供する側にとっても使い勝手のいいものになっていくことが、事故や事件を減らすことにつながるのではないでしょうか。

第六章

ハラスメント実態調査からわかること

介護従事者の74%がハラスメント被害に

第一章、第二章で私自身が経験したハラスメントのケースを紹介しましたが、それは私だけの経験ではありません。日本介護クラフトユニオン（NCCU）が2018年に行ったアンケート調査でも、多くの介護従事者がハラスメントに遭っている実態が明らかになっています。

NCCUとは、介護業界で最大規模の企業を横断した職業別労働組合で、介護に関わるすべての職種を網羅し、約8万2000人の組合員が所属する全国組織です。そのNCCUで行った「ご利用者・ご家族からのハラスメントに関するアンケート」では、組合員約8万2000人のうち有効回答が2411人ありました。

ここでいう組合員とは、訪問介護、訪問看護、通所介護、ショートステイ、有料老人ホーム、特養、グループホームなど、介護業界全般にわたる従事者をさします。

有効回答者2411人のうち、何らかのハラスメントを受けたことがある、と回答した人は1790人で全体の74・2%でした。そのうちセクハラに該当する行為を受けたことがある人は718人（40・1％）で、男女別では、女性2107人のうち685人（32・5％）、男性293人のうち30人（10・2％）がセクハラ行為を受けていました。

一方、パワハラに該当する行為を受けたことがある人は、ハラスメントを受けたことがある人（1790人）のうち1687人（94・2％）にも上り、男女別では、女性2107人のうち1488人（70・6％）、男性293人のうち193人（65・9％）がパワハラ行為を受けていました。

男性でもハラスメントを受けている人はおり、男女ともにセクハラ、パワハラの被害に遭っているといえます。いま、話題になっているのはセクハラですが、それ以上に多いのがパワハラです。これは多くの介護従事者が経験していることで、半ば、諦めているような状況といえます。

しかし、利用者や家族から強圧的な態度を取られることは、かなりのストレスになり、精神的に追い詰められて離職する人も多くいます。セクハラはもちろんですが、パワハラについても社会的な問題として訴えていかなければならないと思っています。

セクハラ、パワハラそれぞれについてアンケートの結果を紹介します。

セクハラを受けた人は大きなストレスを感じている

アンケート調査から「どのようなセクハラに遭遇したか」を尋ねたところ、「サービス提供上、不必要に個人的な接触をはかる」が53・5％、「性的冗談を繰り返したり、しつこく言う」が52・6％とほぼ同数となっています（複数回答）。

セクハラを受けたことによる自身への影響については、「強いストレスを感じた」「軽いストレスを感じた」を合わせると、89・7％もの人がストレスを感じたと回答しています。

セクハラの具体的な内容について、いくつか紹介します。

・男性利用者から「腰をもんで」といわれ、断ると「○○さんはやってくれた」といい、さらに断ると「○○さんは社員なのにやってくれた」といわれ、少しだけもんであげると「おっぱい、さわらせて」と手を伸ばしてきたので、払いのけたら、「デブ！」といって怒り出した。（訪問介護　介護員　女性）

・アダルトビデオのパッケージを見せられ、「どれがいい？」と聞かれた。訪問時にア

ダルトビデオを見ていたこともあった。調理時、背後から近づいてきて背中をなでられた。（訪問介護　介護員　女性）

・調理中に後ろから抱きつかれ、胸を触られた。「デートしたい」「付き合わないか」等の発言があり、人を見下すような暴言もあった。（訪問介護　介護員　女性）

・寝たきりの男性のオムツ交換のとき、「俺のを見たんだから、おまえのまんこを見せろ」「おまえがまんこを見せないから食べない」「俺とセックスしたら食べてやる」等の発言があり、食事を拒否する。（訪問介護　介護員　女性）

・何年も行っている訪問先で、その日、あいさつをすると、いきなり首に手をまわされ抱き寄せられ、顔に数回キスされ、腕をつかまれて「ベッドでもっとやろう」といわれた。テーブルを回り込んで逃げ、その日は必死で1時間の仕事をして帰った。（訪問介護　介護員　女性）

・利用者が同性愛者で関係を求められた。強く断ったが、その後も手をつないだり、身体を触るなどが続いた。（訪問介護　介護員　男性）

・他の利用者の対応中、女性の利用者が背後から静かに寄ってきて身体（お尻）を触ってくる。それについて「セクハラですよ」と伝えると「私は触ってない」と大声を出して逆ギレされた。（短期入所生活介護　職員　男性）

・性的な冗談を繰り返し、性的な質問をしつこくされた。キスをせがまれたり、身体に触られたりした。その都度、受け流すなどの対応をすると、「あばずれのくせに」などと暴言を吐いた。（訪問看護　看護師・リハビリ職　女性）

セクハラの具体的な内容を読むと、男性、女性にかかわらず、多くの介護従事者が被害に遭っていることがわかります。アンケート調査によって、それが明らかになったことは大きな進歩だといえます。

誰かに相談しても変わらないという現実

セクハラを受けて「誰かに相談したか」という質問に対して、79・4％の人が、上司（45・8％）や職場の同僚（42・1％）に相談しています。しかし、48・5％の人が相談しても「変わらない」と答えています。

私の経験でも、事業所や同僚に相談しても「しかたがない」「あなたにもスキがあったんじゃないか」などといわれ、何の対応もされず、泣き寝入りしたことがあります。事業所の上司に「セクハラはよくない」という認識があるかどうかによって、対応は大きく変わります。

また、利用者から「もう来なくていい」といわれると、経営に関わってくることもあり、消極的な対応をする事業所もあります。

また、「担当を変えてもらった」という人も27・9％います。おそらく若い女性から年配の女性に代わったり、男性に代えてもらったのではないかと思います。とはいえ、事業所の人員に余裕がなければ、そうした変更もできず、人手不足の現状ではどこまで対応できるか、厳しいところだといえるでしょう。

上司や同僚に相談した人がいた一方、誰にも相談しなかったという人もいます（19・0％）。その理由として「相談しても解決しないと思ったから」（40・0％）、「認知症に伴う周辺症状だから」（35・6％）、「自分自身でうまく対応できているから」（30・4％）、「生活歴や生活に伴うものだから」（28・9％）、「相談するほど大きな問題と思わなかったから」(27・4％)と続きます。

「相談しても解決しないと思ったから」というのは、事業所によると思います。そうした問題に理解のある上司がいるかどうかによるでしょう。

また、「認知症に伴う周辺症状だから」というのは、介護現場での特有な状況を示しているといえます。意識がしっかりしている人なら、「やめてください」といえても、認知症から来る行為である場合にはそれが通用しません。そこがむずかしいところです。

また、介護職員には「利用者をケアするのが仕事」だという意識があり、イヤな思いをしても我慢しがちです。介護業界としても、どのような対応がいいのか、考えていく必要があると思います。

介護現場では当たり前のように起こるパワハラ

セクハラを受けた人が40・1％だったのに対して、パワハラを受けたことのある人は94・2％もあり、圧倒的に多い数字となっています。

これは私自身の経験でもいえることです。セクハラはしょっちゅうあるわけではありませんが、パワハラはよくあり、いちいち気にしていられないというのが実状です。

とはいえ、それは私のような経験豊富なヘルパーだからこそいえることであって、新人ヘルパーや年齢の若いヘルパーにとっては耐え難いものだと思います。

「どのようなパワハラに遭遇したか」という質問に対して、もっとも多いのが「攻撃的態度で大声を出す」(61・4％)、次いで「『○○さんはやってくれた』等他者を引き合いに出し強要する」(52・4％)と続きます。

こちらに落ち度があれば、怒鳴られてもまだ我慢ができますが、利用者の気分次第で怒鳴られることもあり、そういう場合はストレスも倍増します。ただ、利用者が痛みを伴う病気だったり、認知症だったりすると、そのせいで怒鳴ることもあるので、しかたのない側面もあります。

パワハラの具体的な内容について、いくつか紹介します。

・訪問時、前回訪問したヘルパーの悪口を聞かされる。買い物をする際、「希望の品がないときにどうしたらいいか？」と聞くと、「ないはずはない。意地悪して買ってこないんだろう」と大声を出す。ある日もヒステリックな罵倒に耐えていたが、結局、「何もしなくていい、帰れ」といわれ、事業所に確認してサービスなしで帰宅。いまでも思い出すだけで心のバランスが崩れ、薬を服用している。（訪問介護 介護員 女性）

・プランにないサービスを要求され、できないことを説明しても聞いてもらえず、強い口調で「困っているのになぜ、やらないんだ。介護はそういうものじゃないだろう」「○○さんや○○事業所はやっている」などと非難され、性格や人間性にも言及されて介護には向いていないといわれた。（訪問介護 介護員 女性）

・利用者やその家族からよくいわれるのは「金を払っているのだから、何でもやれ」です。（訪問介護 介護員 女性）

・ヘルパーがお米を洗ったとき、家族に「2粒、排水口に流れた」といって頭を叩かれた。上司に対しても怒鳴り、机を強く叩いて怒った。（訪問介護 介護員 女性）

・利用者の家族が自分の思い通りにならないとき、「まあいいです。今度、役所にいいに行きますから」という言い方をする。（居宅介護支援 ケアマネージャー 女性）

パワハラはセクハラより多く、介護従事者の心を深く傷つけています。現状では解決がむずかしいと思いますが、職場で話を聞くなど、心のケアが必要でしょう。

とくに、ヘルパーは直行直帰で働いていることが多く、気持ちの持っていきようがありません。私の場合は、同僚と話をすることで気持ちを落ち着かせています。そういう場を意識して作っていくことが大切だと思います。

相談しても変わらないのはパワハラもセクハラも同じ

パワハラを受けたとき、「誰かに相談した」という人は75・1％で、相談した相手は上司（47・2％）と職場の同僚（40・9％）と回答し、セクハラに遭ったときと似たような数字になっています。相談後の変化としては「変わらない」（43・5％）、「担当を変えてもらった」（21・8％）で、これもセクハラの場合とほとんど変わっていません。

パワハラにしてもセクハラにしても、相談しても事業所できちんと対応しないことが多く、せいぜい担当を代えてもらうぐらいしか解決方法はないというのが現状です。

一方、「相談しなかった」は22・8％あり、「相談しても解決しないと思ったから」が40・9％とセクハラの場合とほぼ同じ数字になっています。

パワハラ、セクハラに関して「相談しても解決しないと思った理由」として自由記述してもらったところ、以下のような指摘がありました（一部抜粋）。

・介護職は我慢するのが当然という風潮があり、力量不足ととらえられてしまう。
・プロの介護職はその程度のことは受け流すべきだといわれる。
・自分でうまく対応すべきことだと考えていた。
・自分だけではないと思ったから。
・ハラスメントを受けるのも業務のうちだと思っていた。
・自分が我慢すればいいだけだと思っていた。
・性的ハラスメントは恥ずかしくていえなかった（上司は男性）。

相談した際の事業所や管理者の態度については、次のような指摘がありました（一部抜粋)。

・上司にいっても親身に聞いてもらえない。対応してくれない。聞き流された。
・上司はクレーム対応能力が乏しい。
・スキを作るほうが悪いといわれる。
・利用者が減るのをおそれているため、メガネを壊されても、ケガをしても、自己責任として受け入れるしかない。
・事業所はご利用者が大事。お客様至上主義。

以上のように、パワハラ、セクハラを自己責任としてとらえる傾向が強くありますが、これは業界の悪しき慣習といえます。

事業所によっては苦情をいえない雰囲気があるところもあります。また事業者が利用者第一主義で、利用者や家族のいいなりになる傾向があるのも事実です。

とはいえ、こうした事業所ばかりではなく、上司に理解があり、スタッフの人権を守ろうとするところもあります。今後はパワハラ、セクハラはあってはならないものとして対応していくことが大切だと思います。

そうしなければ、介護職の離職はどんどん進んでいくでしょう。業界自体に変革が求められているのです。

介護従事者の社会的地位の向上が解決の糸口?

アンケートでは、「職場ではハラスメントが近年増えているか」という質問に対して、約25%の介護従事者が「増えている」と答えています。これは以前に比べて男性の要介護者が増えていることを物語っています。

今後、高齢者が増加すると、男性の利用者も増えてくるため、パワハラ、セクハラともに増えていくことが予想されます。

また、ハラスメントが発生している原因として、パワハラ、セクハラともに「生活歴や性格に伴うもの」がもっとも多く、次いで「介護従事者の尊厳が低く見られている」が続いています。

私自身はヘルパーの仕事を専門職としてプライドを持っていますが、利用者のなかには家政婦のように扱う人もいます。これは、給料が安い、仕事がきつい、人手不足などといったメディアの報道によりマイナスイメージが強くなった結果だといえるでしょう。こうしたイメージが払拭されれば、利用者の態度も変わってくるのではないでしょうか。

また、「ハラスメントから介護従事者を守るために、どのような対応が必要か」という質問に対して、パワハラ、セクハラともに「ご利用者・ご家族への啓発活動」と「事業所内での情報共有」がほぼ同列に並んでいます。

パワハラ、セクハラは個人の尊厳を踏みにじるものであることを介護従事者も含め、事業者、社会、国に至るまで認識していく必要があると思います。

また、事業所に関しては、パワハラ、セクハラをする利用者についての情報共有がなされていないことがあり、どう対応すべきかの申し送りをする必要があると思われます。

自由記述として、事業者に対して次のような指摘がありました。

「契約書に『ヘルパーがハラスメントを受けた場合、サービスを終了することもある』と明記する」「契約の前に『できるサービス・できないサービス』を説明する」「管理職や上長の教育が必要」「お客様至上主義をなくす」「事業者が毅然とした態度を取る」「介護職の心のケアを行う」「2人体制の必要性」などになります。

介護業界は人手不足で、なかなか2人体制を取るのがむずかしい状況がありますが、問題のある利用者に関しては2人で対応すべきです。また、他職種との連携では、保健師や精神保健福祉士などからアドバイスしてもらうことも重要だと思います。

介護従事者の心のケアも非常に大事で、上司や同僚から話を聞いてもらうだけでもストレス軽減になります。

とくに、ヘルパーの場合には、直行直帰で働くことが多く、イヤなことがあっても自分ひとりの胸に納めてしまい、ストレスがどんどん溜まっていきます。

そうなると心身の不調につながりかねません。それを避けるためには、事務所をステーション型にしていくことが重要です。

ステーション型というのは、朝、事業所に寄って情報共有し、すべての訪問が終わったら、事業所に帰って報告をするというもの。そうすれば、何か問題があったときに上司に報告したり、同僚に話をしてストレスを発散させることもできます。これは全事業所で取り組んでほしい課題だと思います。

また、最近はメディアでも、介護現場でのセクハラについて報道するようになっています。利用者のなかにはニュースや新聞を読んでいる人も結構います。世間でパワハラやセクハラが問題になっているとわかれば、自制する人も出てくるでしょう。

この本の出版も、こうした流れの一助になればいいなと思っています。

社会の動きに連動して変わっていく介護業界

アメリカから始まった「#Me Too」運動は、日本の介護業界を変える大きなきっかけとなっています。介護業界におけるセクハラ問題がメディアに取り上げられるようになり、それと時を同じくしてNCCUが全国の介護従事者にアンケートを行ったことで、ハラスメントの実態が白日の下に晒されることになりました。

このアンケート結果をもとに、NCCUと労使関係のある法人との間で「介護業界の労働環境向上を進める労使の会」を設置。42法人と「ご利用者・ご家族からのハラスメント防止に関する集団協定」を締結しました。

その内容は、以下の通りです。

1　法人とNCCUは、利用者やその家族からのハラスメントを防止するための教育システムを構築し、実施する。

2　法人は、従業員をハラスメントから守るための対策として、事業所内における情報共有のための打合せを随時開催するよう周知徹底する。

3　法人は、新規利用契約時に利用者やその家族に対し、介護従事者へのハラスメントに関する禁止事項およびハラスメント発生時の法人としての対処方針について周知徹底を行う。

4　法人は、従業員からの利用者やその家族からのハラスメントに関する相談や通報への対応のための「相談窓口」を設置するとともに、その周知を行う。また、NCCUは、組合員からの相談等のための「相談窓口」をNCCU内に設置し、相談等があった場合には迅速に法人に報告する。

また、「まえがき」でも紹介したように、2018年に加藤勝信厚生労働大臣（当時）宛に「ご利用者・ご家族からのハラスメント防止に関する要請書」を提出していま す。要請書には、①ご利用者とその家族への周知啓発を行うこと、②介護従事者を守るための法整備を行うこと、③地域ケア会議の有効活用とハラスメントに対する自治体の対応強化を図ること、④訪問介護サービスにおける2人体制時の利用者負担に対する補助を行うこと、⑤家族介護者に対する支援の強化を行うこと、が明記されています。

これを受け、厚労省では2018年度中に実態調査を行うことを決め、調査結果をもとに事業者向けの対策マニュアルを作り、職場環境の改善や再発防止などにつなげていきたいとしています。

（NCCUのアンケート調査結果の内容については「市民福祉情報オフィス・ハスカップ」より資料提供していただきました）

日本でもやっと動き出した状況ですが、国際労働機関（ILO）では2019年6月にセクハラ、パワハラといった職場での暴力やハラスメントをなくす条約が採択されました。日本での批准は、これからの課題となるでしょう。

第七章　超高齢社会にヘルパーは欠かせない！

ヘルパーは家政婦とは違う

世の中には、ヘルパーを家政婦のように思っている人がいます。しかし、ヘルパーは専門職です。ヘルパーになるためには、初任者研修（旧・ホームヘルパー養成研修）を修了するか、介護福祉士という国家資格を取得する必要があります。私も介護福祉士の資格を持っています。

ヘルパーの仕事の中身は、介護保険が始まる2000年に、厚生省（現・厚生労働省）が出した「訪問介護におけるサービス行為ごとの区分等について」という通知（老計第10号）に記載されています。大きく「身体介護」と「生活援助」に分かれ、次のように仕事内容が決められています。

・身体介護……排泄や食事介助、清拭（身体を拭き清める）や入浴介助、身体整容（洗顔・歯磨き・爪切り等）、体位変換（床ずれを防ぐために定期的に体位を変えること）、移動・移乗介助（居室から浴室等に移る動作・ベッドや車いす等から移る動作の介

助）、外出介助、起床及び就寝介助、服薬介助等

・生活援助……掃除（居室内やトイレ、卓上等の掃除、ゴミ出し等）、洗濯（洗濯機または手洗いによる洗濯、乾燥、取り入れと収納、アイロンがけ等）、ベッドメイク、衣類の整理、被服の補修（夏・冬物の入れ替え等）、一般的な調理（行事食は除く）、配下膳、買い物・薬の受け取り（日常品等の買い物）等

ヘルパーが家政婦と同じように思われてしまうのは、仕事のなかに「生活援助」があるからでしょう。確かに、内容だけ見ると家政婦の仕事と同じように見えます。

しかし、家政婦と違うのは、利用者の顔色や動きを見て健康状態を把握したり、コミュニケーションを取ることで、精神的な刺激を与え、一緒に家事を行うことでADL（日常生活動作）を維持させるといった、利用者にとっての自分らしい暮らしの継続という目的があることです。

とくに、認知症の人の場合、会話をすることで脳が活性化し、認知機能にプラスの影

響を与えるといわれています。認知症になると話をしなくなったり、うつ的傾向が見られたりしますが、会話の量が増えることで表情が明るくなったり、生活にハリが出てきたりするのです。

また、掃除や洗濯、調理などをしながらも、ヘルパーは利用者の動きや好みに注意を払っています。何か危なそうな動きがあったら転ばないように手を貸したり、室内に滑りやすいものが置いてあれば取り除きます。まるで背中に目がついているように利用者の状況を察知するのです。このように、ヘルパーはただ漫然と掃除や洗濯、調理を行っているわけではありません。

ところが、厚労省は「生活援助は自立支援につながらない」として、2012年4月の介護保険の改正で生活援助の時間を60分から45分に短縮しました。60分でも十分とはいえなかった生活支援の時間が、15分も少なくなったのです。

そうなると、ヘルパーは時間に追われてしまい、利用者とゆっくり話をすることも、一緒に暮らしをつくることもできなくなります。専門職としてのヘルパーの実力を発揮することがむずかしくなっているのです。

それは、ヘルパーのやりがいを失わせることにもつながります。

そもそも介護保険法第1条には、要介護状態となった高齢者が「尊厳を保持し、その有する能力に応じ自立した日常生活を営むことができるよう」支援することが明記されています。高齢になれば、身体能力が落ちるのは当たり前。身の回りのことをやるのにも時間がかかり、すぐに疲れてしまいます。そうなると、「もう着替えなくてもいいや。掃除をするのも面倒」という状態になってしまうのです。

そういう高齢の利用者に対して、ヘルパーが生活支援に入ることで、本人のＱＯＬ（生活の質）を維持させているのです。厚労省が行っていることは、高齢者のＱＯＬを低下させ、寝たきりになる危険性を助長しているといってもいいと思います。

生活援助の「回数制限」と身体介護の「見守り的援助」の追加

ヘルパーにとって厚労省が要求することは、生活の質を低下させるものばかりですが、２０１８年10月から実施されている生活援助の「回数制限」もその１つです。

これは生活援助の利用回数に上限が設けられ、それを超えたケースは市町村への届出が義務づけられるというもの。届出が必要となる基準回数（1カ月につき）は、要介護1＝27回、要介護2＝34回、要介護3＝43回、要介護4＝38回、要介護5＝31回です。この基準回数を超える場合には、市町村への届出が必要になります。

回数制限が設けられるようになった発端は、財務省から「平均は月9回なのに、月31回以上も利用する人がいる」と指摘されたことにあります。これに対し、ヘルパーや認知症の人と家族の会などが「介護の実態とかけ離れている」と抗議しました。認知症の人の場合、ヘルパーが訪問しなければ、3度の食事を摂ることすらままならないからです。

たとえ、配食弁当を頼んだとしても、自分ひとりでは食べることができません。ヘルパーがお弁当をレンジで温めてテーブルに並べ、利用者を椅子に誘導して食べるのを見守るところまでやる必要があります。もし生活援助を1日1回だけにしてしまったら、食事も1回しか摂らないことになってしまいます。

厚労省が行った調査でも「必要以上の生活援助を行っている」という指摘は的外れだということがわかっています。自治体が月90回以上の生活援助を利用している事例を調査したところ、96％のケースで「適切」または「やむを得ない」と判断されたのです。

この調査によれば、利用者の8割は認知症で、7割がひとり暮らしでした。ヘルパーが頻回に生活援助に入ることで生活が成り立っていたのです。

そこで、次に厚労省が出してきたのが、身体介護の「見守り的援助」の見直しです。これまで見守り的援助は「入浴や着替えの際の介助や声かけ」「移動時に転倒しないようにそばに寄り添う」等の7種類だけでしたが、この見直しでは15種類に増加。新たに加わった項目には、次のようなものがあります。

・ベッド上からポータブルトイレ等(いす)へ利用者が移乗する際に、転倒等の防止のため付き添い、必要に応じて介助を行う
・認知症等の高齢者がリハビリパンツやパッド交換を見守り・声かけを行うことにより、一人で出来るだけ交換し後始末が出来るように支援する
・認知症等の高齢者に対して、ヘルパーが声かけと誘導で食事・水分摂取を支援する
・本人が自ら適切な服薬ができるよう、服薬時において、直接介助は行わずに、側で見守り、服薬を促す

・利用者と一緒に手助けや声かけ及び見守りしながら行う掃除、整理整頓（安全確認の声かけ、疲労の確認を含む）
・ゴミの分別が分からない利用者と一緒に分別をしてゴミ出しのルールを理解してもらう又は思い出してもらうよう援助
・利用者と一緒に手助けや声かけ及び見守りしながら行うベッドでのシーツ交換、布団カバーの交換等
・利用者と一緒に手助けや声かけ及び見守りしながら行う衣類の整理・被服の補修

以上のような項目があり、生活援助の回数が減った分を身体介護として行うことができるようになりました。

ヘルパーにとっては「見守り」という仕事が正当に評価されたことになり、うれしいことではありますが、利用者にとってはいいことばかりではありません。介護保険制度では利用者の介護認定のランクによって利用限度額が設定されているため、点数の高い身体介護が増えると自己負担額が増えることになってしまうのです。

具体的には、1回の自己負担分が約100円増えることになり、月額で考えると低所得者にとっては厳しい状況になってしまいます。

事業所やヘルパーにとっては介護報酬が増えるというメリットがありますが、利用者にとってはデメリットになってしまうのです。国は施設での介護から在宅介護へと移行する方針を立てていながら、逆行した政策を行っているのです。

これからは「混合介護」が増えていく?

「混合介護」とは、原則1~3割の負担(年金収入等280万円未満＝1割負担、年金収入等280万円以上340万円未満＝2割負担、年金収入等340万円以上＝3割負担)で利用できる介護保険と、保険の対象外で全額自己負担になる保険外サービスを組み合わせたものをいいます。

介護保険と保険外の区分の基準があいまいなこともあり、混合介護を認めていない自治体が多いのですが、2018年8月に東京都豊島区で選択的介護モデル事業をスタート。2021年3月31日までをモデル期間とし、訪問介護を手がける東電パートナーズ、アースサポート、NPO法人やすらぎなど10団体が、現行の介護保険のサービスに加え、保険外のサービスを提供しています。

保険外サービスには、掃除やペットの世話、電球の取り替え、同居家族分の調理や洗濯、外出先への送迎、買い物や墓参り、散歩への同行などがあります。

また、ひとり暮らしの高齢者向けの安否確認では、センサーやウェブカメラなどICT（情報通信技術）を活用した見守りも行われています。

保険外サービスのなかに、同居家族分の調理や洗濯が含まれていますが、一緒のお鍋で調理することも、家族の洋服と一緒に洗濯することもできません。利用者本人と家族の分は別々にしなければならないのです。

どうしてこんな妙なサービスになっているのか、まったく意味不明です。

また、混合介護では、ヘルパーの指名制も売りの1つになっています。人気のあるヘルパーに仕事が集中するのもどうかと思いますが、1日に訪問できる件数にはかぎりがあるので、実際のところ、うまく軌道に乗るかどうかはわかりません。

いずれにしても、混合介護は、お金に余裕がある高齢者にとってはメリットのあるサービスといえますが、低所得者にとっては利用しにくいものだと思います。収入の多寡によって高齢者のＱＯＬが異なってしまう状況は、前述した介護保険法第1条の精神からもほど遠いものといえるでしょう。

しかし、「社会保障削減ありき」で介護費用を抑えることに躍起になっている現状では、今後、混合介護が増えていくものと思われますが、本来の目的が忘れられているというのはいかがなものでしょう。

「病院への付き添いは玄関まで」という理不尽なしくみ

ヘルパーの仕事のなかに「通院介助」というものがあります。文字通り、ひとりで病院に行くことができない利用者に対し、車両への乗車または降車の介助を行うものです。私の場合は、利用者の自宅から介護タクシーを使って病院まで行きますが、おかしなことに付き添えるのは病院の玄関までなのです。

病院のなかへの付き添いは、医療保険扱いになるため、介護保険サービスとしては利用できないのです。建前として、病院内は病院のスタッフが付き添うことになっていますが、実際にはそんなことはしてもらえません。

まさか玄関に置き去りにするわけにはいきませんから、病院内への付き添いは自費扱いになります。事業所によってはヘルパーのボランティアになる場合もあります。

私がケアしている人のなかに、ガンの放射線治療で毎日のように大学病院に通院する利用者がいます。この方の場合、病院内の付き添いは自費で支払ってもらっていますが、自費扱いになるとヘルパーの時給が下がるのです。

たとえば、病院の玄関までの付き添いは、介護保険の身体介護に当たるため、時給が1800円ですが、病院のなかからは1000円になってしまいます。ヘルパーにとっては、自宅から病院までの付き添いと、病院内の付き添いに大きな違いはないのに時給が下がってしまい、つくづく理不尽なしくみだと思います。

こうしたことは、介護保険と医療保険の融通性のなさが生んだ法律の不備といえるでしょう。一般の感覚からしても不合理なことが多すぎます。もっと使いやすい制度にする必要があるのではないでしょうか。

ヘルパーのなり手はいるのに、人材不足なワケ

ヘルパーになるためには、前述したように、介護福祉士の資格や初任者研修（旧・ホームヘルパー養成研修）の修了が必要となりますが、1991年から2012年までの21年間に、ヘルパーになるための養成研修（現・初任者研修）を履修した修了者は383万人にも上っています。

ところが、実際にヘルパーとして働いている人の数は、その1割の30万人しかいないのです。

2011年に公表された日本総合研究所の「潜在ホームヘルパーの実態に関するアンケート調査研究」（回答数6336人）によると、養成研修を修了したもののヘルパーに就いていない「潜在ホームヘルパー」のうち、「すぐにでも就きたい」という人は5・2％、「いつか就きたい」という人は31・8％で、両者を合わせると37・0％の人がヘルパーの仕事に就きたいと回答しています。また、「働きたい」と回答した人の関心・傾向を見ると、収入のアップのほか、移動時間や待機時間の手当などを希望していました。

つまり、労働条件さえ満たされれば、ヘルパーになる人は確実に増えるということです。介護福祉の仕事に関心を持ち、働きたいと思う人が少なからずいるのです。

ところが、この労働環境を変えるのは至難の業といえます。なぜなら事業所の収入となる介護報酬が低いままだからです。介護報酬の全体の水準（改定率）は、政府の予算編成の過程で決まりますが、第1期（２０００～02年度）を１００とすると、第7期（２０１８～20年度）は98・9で、初年度より低い状況にあります。

また、介護保険制度がスタートした２０００年から6年連続で介護報酬が引き下げられたため、２００７年度には離職率が22％まで上昇しています。

当時、月額給与は全産業平均と比較して、ヘルパーは14万円、施設で働く介護職員は15万円も低いという状況でした。

介護報酬が引き下げられると、被保険者が払う介護保険料や利用者の自己負担は少なくなりますが、一方で、サービスを提供する事業所が撤退したり、人手不足でサービスが受けられなくなるリスクは高くなります。

現在、介護従事者の給与を上げるため、「介護職員処遇改善加算」が計上されることもありますが、「例外的、経過的な措置」という位置づけで、介護従事者の基本給のアップにはつながっていません。手当や一時金に充てられるだけの状況が続いています。事業所によっては施設運営費などに充てられ、従業員の給与に加算されないこともあります。

とくに、ヘルパーは7割以上が非正規雇用で、時給制です。一見すると他の職種のパートタイマーより時給が高いように見えますが、移動時間や待機時間が時給に換算されず、トータルではかなり低い給与になってしまいます。

私は自転車で移動していますが、地方のヘルパーのなかには自動車で1時間もかけて訪問し、ガソリン代も自腹という人がいます。

自転車で移動していると、夏の暑い時期など、体感温度が40度近くまで上がり、夕方になるとふらふらになり、熱中症のような状態になることもあります。

多くのヘルパーが待機時間に図書館などで涼んだり、時間があれば、自宅に帰って水シャワーを浴びるなど、さまざまな工夫をしているのです。

在宅介護にはヘルパーの存在が欠かせません。後述するように、政府は人手不足を外国人労働者でまかなおうとしていますが、対象となるのは老人施設などで働く施設従事者であって、訪問介護をするヘルパーではありません。

その一方、２０１６年から国家戦略特区を活用した家事支援外国人受入事業が始まり、神奈川県や大阪府、東京都で家事代行業者が認定されています。

仕事内容は掃除、洗濯、調理など、ヘルパーの生活援助に近いものですが、介護活動をすることは認められていません。

ヘルパーは日本人でなければ務まらないのです。政府は、今後、増え続ける要介護者をどうケアするつもりなのでしょうか。このままでは介護難民が増えていくばかりです。

在宅重視は絵に描いた餅になっているのです。

人手不足をボランティアでまかなう？

厚労省の推計によると、団塊の世代（１９４７～49年生まれ）が75歳以上になる２０２５年度に、介護従事者が約34万人不足するおそれがあるとしています。

そこで、国の政策として登場したのが「地域包括ケアシステム」です。これはひと言でいうと、高齢者が要介護状態になったとき、公的なサービスだけでなく、地域内でサポートし合いながら、高齢者を支えていくというものです。

ここでいう「地域」とは、自宅から30分圏内のことをいい、地域内でボランティアを募り、高齢者世帯を助けていくことをめざしています。

これまで介護サービスは国が主体となって行ってきましたが、２０２５年を目途に自治体レベルに移行しようとしています。そのため、この地域包括ケアシステムは全国一律に策定されるのではなく、市区町村が３年ごとに作成する「介護保険事業計画」にしたがって計画的に導入することが求められています。

介護サービスの担い手となるのは、地域内のボランティア団体やＮＰＯ団体、商店や町内会などです。実際にゴミ出しや買い物などを１００円、あるいは５００円といった金額で支援するサービスが各地で広がっています。

たとえば、福岡市のＮＰＯ法人いるかねっとの「ワンコイン家事援助」。同市の上山門校区に暮らす高齢者を対象に、ゴミ出しやストーブの灯油運搬、植木の水やり、洗濯物の取り込みや洗濯物干し、蛍光灯や電球の交換などを行っています。

利用者は事前に5枚綴り500円のチケットを購入し、近くに住むボランティアのサポート会員にチケット1枚を渡すしくみです。

埼玉県三郷市のみさと団地にあるNPO法人いきいきネットでは、1回500円（1時間以内）のワンコインでゴミ出しや買い物、調理、洗濯などをする「生活支援サービス」を提供。そのほか、団地住人が気になる高齢者を見守り、何か「おかしいな」と思ったときに事務所に連絡する「勝手に見守り隊」も組織されています。

東京都の新宿区社会福祉協議会では「ちょこっと・暮らしのサポート事業」として、電球交換、エアコンフィルターの取り付け・取り外し、季節家電の入れ替え、買い物、掃除などの家事支援、外出の付き添いなどのサービスを提供。ボランティアが無償あるいは有償で高齢者を手助けします。有償の場合は基準額を1時間800円とし、内容によって決定します。

こうした地域の助け合いは、うまく機能すれば問題ありませんが、他人が自宅のなかに入るということはプライバシーの領域に関わることなので、コミュニケーションの取り方などに注意が必要です。

また、ボランティアの中心は70代だと思われますが、その人たちが80代になって活動できなくなったときに、下の世代にうまく引き継げるかどうかが、今後の課題になってくるのではないでしょうか。

介護分野での外国人雇用は成功するのか

不足する日本人の介護従事者に代わって期待されているのが外国人労働者です。これまで介護業界で働くことができる外国人は、①経済連携協定(EPA)に基づく介護福祉士候補生、②在留資格「介護」、③外国人技能実習生の3つでしたが、出入国管理法改正により2019年4月から新たな在留資格として、④特定技能が加わりました。

①のEPAは2008年からスタート。介護福祉士候補生として入国し、養成施設などで2年以上学んだ後、介護福祉士の資格を取得し、介護の仕事に従事します(在留期間更新の回数制限なし)。現在、インドネシア、フィリピン、ベトナムから4000人以上を受け入れています。

EPAは二国間の経済連携協定による受け入れなので、送り出すほうも受け入れるほうも体制がしっかりしていて、すでに介護スタッフとして実績を上げている人もいます。

②の在留資格「介護」は、2017年9月から始まったもので、外国人留学生や技能実習生等として入国した後、養成施設などで2年以上学び、介護福祉士資格を取得、介護の仕事に従事します（在留期間更新の回数制限なし）。2018年6月末時点で177人を受け入れています。

③の外国人技能実習生は2017年11月から始まった在留資格で、介護施設等で実習した後、技能評価試験を受験。最長5年間、介護の仕事に従事でき、2018年10月末時点で247人が来日しています。

外国人技能実習生については、すでに他の職種で外国人が多く就労していますが、パワハラや労災事故などが原因でうつ病を発症したり、自殺したケースもあるほか、失踪する外国人も増えています。まるで奴隷制度のようだと批判する人も少なくありません。

④の特定技能は前述した通り、2019年4月から始まった在留資格で、母国で技能水準・日本語能力水準を満たしているかどうかを試験等で確認した後、日本に入国し、介護施設等で就労します（通算5年間）。

介護の仕事を3年以上続けて、介護福祉士の資格を取得すれば、在留資格「介護」に移行できます。今後5年間で最大6万人を受け入れる予定ですが、はたして、それだけの人材が集まるでしょうか。

これらの在留資格のいずれにも共通する課題として、日本語能力の習得のむずかしさがあります。日本をめざす外国人にとって、それが大きな壁になると思います。

ちなみに、EPAで働くインドネシア人やフィリピン人は、就労時に約9割がN3（日常的な場面で日本語をある程度理解できる）相当、ベトナム人は全員がN3以上の日本語能力を持っています。それでも、受け入れ先の介護施設の52・4％で、「介護業務を任せられる日本語レベル」にはN2（日常的な場面で使われる日本語の理解に加え、より幅広い場面で使われる日本語をある程度理解できる）相当の能力が必要だと答えているのです。

介護の現場では高齢者とのコミュニケーションが取れないと、相手の要望を理解することができません。日本語能力が低いと介護人材としての就労は厳しいといえるでしょう。

一方の送り出し国にとっても、語学力はネックになっているようです。外国人技能実習生を送り出す予定のベトナムでも、日本が求める語学力のレベルが高いため、技能実習生を募集して訓練をする会社に一定の条件を求めています。なぜなら、来日して1年後にN3相当の日本語能力がないと、帰国させられてしまうからです。

日本政府は外国人労働者が簡単に集まると思っているようですが、条件の厳しい日本で働きたいと思う人がどれだけいるでしょうか。外国人は自国民同士の結びつきが強いので、日本の労働環境の過酷さが知れ渡っている可能性もあります。

日本人にとっても介護現場は労働条件が悪く、離職率も高いのです。外国人労働者を呼び込むためには、受け入れる側の事業所の労働環境を整える必要があります。

外国人を安い労働力として見ているようでは、介護現場で働いてもらうのはむずかしいといわざるを得ません。

現金給付のあるドイツの介護保険制度

日本が介護保険制度の導入に当たって参考にしたのが、ドイツの介護保険制度です。

日本同様、高齢化が進んでいるドイツでは、日本より一足早く、1994年に介護保険法が成立しました。

日本の介護保険制度との違いは、利用者に年齢制限がないことでしょう。医療保険と同じように、赤ちゃんから高齢者までが被保険者となり、サービスを受けることができます。日本のように利用者の定率負担（1～3割）はなく、自己負担がありません。

ただし、要介護度によって給付される金額が決まっており、利用したいサービスがその金額を超える場合は自己負担となり、年金や預金でまかなうというしくみになっています。年金と預金が足りない場合は、州自治体から「介助扶助」（日本の生活保護に近い制度）を受給できるしくみです。

もうひとつの大きな違いは、家族介護者向けの「現金給付」があることです。これは施設入所より在宅介護を重視した施策によるもので、家族を介護する人に介護手当として現金を支給するというしくみです。現金給付に対して、訪問介護やデイサービスなどの在宅サービスを「現物給付」といいます。現金給付だけを利用することもできるし、現金給付と現物給付の両方を組み合わせることもできます。

現金給付を受けるためには、介護者の介護時間が週14時間以上あり、かつ、週30時間以上、就労していない状態であることが条件となっています。介護者は労働者とみなされるため、年金や労災保険、失業保険に加入でき、２年間の介護休暇を利用した後は元の職場に復帰します。

また、現金給付は直接、介護者に支払われるのではなく、要介護者の口座に振り込まれ、要介護者から介護費として子どもや親族、近隣者、ヘルパーなどに渡すことになっています。ヘルパーは掃除や洗濯、散歩などの生活支援を行いますが、日本の介護福祉士などのような国家資格はありません。

日本でも介護保険制度のスタート時、介護する家族に現金給付をするかどうかの大議論が行われています。「家族が助け合うのは日本の伝統」という推進派に対し、「要介護者の妻や息子の嫁、娘など、女性が介護を強いられてしまう」という反対派の意見が多く、現金給付ではなく、公的サービスのみの提供となったのです。

また、ドイツでは当初、要介護認定の基準は1〜3までの3段階しかありませんでしたが、２０１７年1月に5段階に増やしました。これまでの身体介護を中心としたものから、認知症の人も含めた制度に転換したのです。

それに対して、日本はドイツとは真逆に身体介護を重視し、高齢者のＱＯＬを維持する生活援助を外そうとしています。

軽度者支援を強化することこそ、寝たきりなどの重度化を予防することになるのに、反対の方向に進んでいる現在の状況はとても残念でなりません。

韓国にもある介護家族を支援する制度

韓国で２００８年に開始された「老人長期療養保険制度」。日本の介護保険制度をモデルとしていますが、この制度には日本にはないユニークなしくみが導入されています。

それが「同居家族療養制度」で、家族を介護する人が療養保護士（ヘルパー）の資格を取得できるというものです。資格を得るためには、講義１６０時間および実習80時間の履修をする必要がありますが、療養保護士になると療養保護士派遣所と雇用契約を結び、同居家族の介護の対価として1日当たり2時間分の報酬を受け取ることができます。

これは介護家族にとって経済的な支えになると同時に、介護についての知識や実技を身につけることもできるのです。

　また、療養保護士派遣所と契約しているため、他の療養保護士と交流して仲間を作ることもできます。「自分だけが家族を介護しているのではない」と安心感を持つことができ、精神的なストレスも軽減されます。他の療養保護士との情報交換で、自分の家族の介護についても客観的にとらえることができ、介護技術のレベルアップも図れるのです。介護での孤立を防ぐ上でも一石三鳥の制度といえるでしょう。

　しかも、療養保護士の資格を持っていれば、家族の介護だけでなく、将来的に自分の仕事とすることもできるのです。無償の家族介護だと将来に展望がなく、介護者自身が追い詰められていくばかりですが、この制度なら明るい未来を描くことができます。

　２００９～10年に韓国で行われた意識調査によると、同居家族療養制度を利用することで、家族介護をする人自身が介護を肯定的にとらえられる傾向があると報告しています。

　韓国政府が同居家族療養制度を考えた背景には、制度の導入時に必要な介護人材を確保できない状態にあったこと、山間僻地の介護需要に対応できなかったことなどがあります。しかし、この制度は、ともすると暗くなりがちな家族介護を前向きにとらえることのできる画期的なものだといえるでしょう。

ソウル市から始まったセクハラ、パワハラ対策

韓国で2018年10月、世界的にも珍しい法改正が施行されました。産業安全保健法(日本の労働安全衛生法に相当)に、感情労働者の保護条項が盛り込まれたのです。

この改正では「顧客の暴言、暴行など、適正な範囲を超える身体的・精神的苦痛を誘発する行為による健康障害を予防するため、必要な措置を取る」ことを事業主に義務づけ、対応しないと罰金が科せられるほか、措置を求めた労働者を解雇するなどの不利な処遇を禁じています。

そもそも「感情労働」とは、1983年にアメリカの社会学者が提唱したもので、コールセンターや販売店員、客室乗務員、介護・医療従事者、教員など、相手の気持ちを優先して自分の感情をコントロールしなければならない働き方を指しています。

感情労働者は、悪質なクレームや迷惑行為を突きつけられても、笑顔で対応すること

が求められるため、深刻な精神的ストレスにさらされ、心身の不調を引き起こすリスクが高いといわれています。

韓国で感情労働の問題が大きく取り上げられるきっかけとなったのが、2014年に起きた「ナッツリターン事件」です。日本でも話題になりましたが、大韓航空の副社長がマカデミアナッツを袋のまま提供した客室乗務員に「機内サービスがなっていない」と激怒し、離陸直前の飛行機を搭乗口に戻させたという事件でした。

この事件を契機に、感情労働者を保護しようという動きが韓国国内で起こり、冒頭の国内法の改正に先立って2016年に制定されたのが、ソウル市の「感情労働従事者の権利保護などに関する条例」(以下、感情労働条例)です。

この条例では、「暴言・暴行」「無理な要求を通じて行うハラスメント」「性的に不愉快な思いをさせる」「感情労働従事者の業務を妨害する」などの行為に対して、次のようなことを義務として講じることを定めています。

①当該顧客からの分離または感情労働従事者が十分に休憩する権利を保障すること

②感情労働従事者に対する治療および相談を支援すること
③刑事告発または損害賠償訴訟など必要な法的措置を行うこと
④その他、感情労働従事者の保護に必要な措置をとること

こうした対応を行ったことで、翌年には悪質クレームが前年比で95・2％も減少したといわれています。

職場でセクハラやパワハラに悩む多くの労働者にとって、韓国の法改正は画期的なものだといえるでしょう。こうした法律が日本でも施行されれば、ヘルパーも安心して仕事ができます。そうなることを願ってやみません。

あとがき

本書は2012年に出版された『介護ヘルパーは見た～世にも奇妙な爆笑！ 老後の事例集』（幻冬舎新書）の第2弾になります。

前書ではハラスメントについては一切、触れられていません。もちろん、以前からハラスメント被害はありましたが、世間的にもハラスメントを問題視する風潮はあまりなく、ヘルパーが利用者やその家族からハラスメントを受けているということもほとんど知られていませんでした。

今回、ヘルパーのハラスメント被害をテーマにした本を書くことができ、「時代は変わったんだなあ」という思いを強くしています。これまでヘルパーは「自分が悪い」「自分が我慢すればいい」と受け身一方でしたが、やはり「おかしいことはおかしい」と声を上げていかなければならないと痛感しています。

当然のことながら、私は前回の出版時より7歳年を取っています。先輩ヘルパーのなかには80代になっても現役を続けている方がおり、私もその後を追いたいと思っていますが、ヘルパーの数は年々減り続けています。

若いヘルパーが圧倒的に少なく、これからの超高齢社会をどう乗り越えていくのか、本当に心配でなりません。

本書にも書いたように、ヘルパーの労働環境をよくすれば、介護業界で働こうと思う人はいるのです。国のいいなりになっていては、ヘルパーの「働き方改革」は一向に進まず、現状維持どころか、存在自体が風前の灯火といえます。

そこで、ヘルパー仲間と一緒に裁判を起こすことにしました。訴訟の相手は国です。裁判では「介護保険法が労働基準法を守れない法律であること。そのため、在宅の介護労働者が正当な賃金を受けられずに不利益を被っていることを立証し、その不当性に見合った金額を保障させ、賠償を認めさせる」ことを訴えたいと思っています。

本書で何度も書いていますが、ヘルパーはその労働に見合った賃金が支払われず、生活保護基準と変わらない賃金体系が続いています。自分の子どものアルバイト収入よりも少なく、子どもから「お母さん、それはプロの仕事じゃないよ」などといわれる始末。社会的に意義のある仕事であるにもかかわらず、それが認められていないという状況に我ながら愕然とします。

私のヘルパー人生は公務員時代に始まりました。当時は、国や地方自治体が決定権を持つ措置制度が施行されていて、私は地方公務員として働いていたのです。措置制度とは、行政が必要な福祉サービス等を決定するしくみのことをいいます。行政権限として措置することから名づけられました。

介護保険制度が導入される前、「国や地方自治体に決定権があるのでは、利用者に選択権がなく、人権が尊重されていないのではないか」などと批判されましたが、現状はどうでしょうか？

高齢の要介護者は介護認定によってランクづけされ、使える介護サービスに上限があります。お金に余裕があれば、自費で介護サービスを受けることができますが、年金で暮らす多くの高齢者にとっては必要なサービスも我慢しなければならず、不自由な生活を送らざるを得ません。

措置時代は、売り上げや介護時間を気にすることなく、お年寄りが抱える問題に保健師やケースワーカー、医師などが連携して取り組み、必要な介護プランを考え、実行していました。私たちヘルパーも公務員という安定した身分で関わることができ、ケアの技術を駆使して介護に当たることができたのです。

措置時代のように、せめてサ責の人件費を保障し、事務費と人件費を明確に分けた報酬体系基準を構築することが、ヘルパーの労働環境を改善する最善の方法だと確信しています。ヘルパーの労働者としての権利が守られない状況では、安心して働くことができず、在宅介護を維持することができません。

ヘルパーの労働環境が改善されれば、介護業界で働こうと思う人も増えるはずです。

このままではヘルパーが激減し、在宅介護は維持できなくなります。この危機的な状況を何とか打破したいと思っています。

私たちの闘いは、スペインの小説『ドン・キホーテ』の主人公のように、巨大な風車に突進するようなものともいえますが、「強固な城壁に風穴を開けるぞ！」と闘志を燃やしています。読者の皆様にも、「自分らしく暮らせる」ような介護サービスを受ける当事者として、本書に関心を持っていただければ、ありがたく思います。

２０１９年６月

藤原るか

著者略歴

藤原るか《ふじわらるか》

東京都の訪問介護事業所・NPOグレースケア機構所属・登録ヘルパー。

学生時代に障害児の水泳指導ボランティアに参加したことから福祉の仕事に興味を持ち、区役所の福祉事務所でヘルパーとして勤務。介護保険スタートにあわせて退職。訪問ヘルパーとして二十年以上活動している。

在宅ヘルパーの労働条件の向上を目指し、介護環境の適正化を求めた公の場での発言も多い。

二〇一一年十一月には九十九歳のおばあちゃんを連れて厚生労働省を訪問。生活援助自体を介護保険からはずそうと目論む厚労省に対し、「それでは高齢者のQOLを保てず、ヘルパーの労働条件の悪化につながる」と抗議した。

「共に介護を学びあい・励まし合いネットワーク」主宰。

著書に『介護ヘルパーは見た』(幻冬舎新書)がある。

幻冬舎新書 564

介護ヘルパーはデリヘルじゃない

在宅の実態とハラスメント

二〇一九年七月三十日 第一刷発行

著者 藤原るか
発行人 志儀保博
編集人 小木田順子
発行所 株式会社 幻冬舎
〒一五一-〇〇五一 東京都渋谷区千駄ヶ谷四-九-七
電話 〇三-五四一一-六二一一(編集)
〇三-五四一一-六二二二(営業)
振替 〇〇一二〇-八-七六七六四三
ブックデザイン 鈴木成一デザイン室
印刷・製本所 中央精版印刷株式会社

Printed in Japan ISBN978-4-344-98565-0 C0295
ふ-9-2
幻冬舎ホームページアドレス https://www.gentosha.co.jp/
*この本に関するご意見・ご感想をメールでお寄せいただく場合は、comment@gentosha.co.jp まで。